mani
mani

漫履慢旅

沖繩

⋈ 休日慢旅 ‧ 能量無限 ⋈

放自己一個漫慢假期 ‧ 漫晃步履 ‧ 慢心滿意

人人出版

沖繩首屈一指的人氣景點：沖繩美麗海水族館（P2）／攝於CoCo Garden Resort Okinawa（P3）／在古宇利島發現裝箱賣的鳳梨（P4上），五花八門的沖繩伴手禮，絕對吸睛♪（P4下）／經由與國際通交會的「市場中央通」前往 "那霸的廚房" 那霸市第一牧志公設市場（P5）／說到沖繩美食就是沖繩麵，照片為フクギ屋 ☎0980-48-2265 MAP附錄P25A1（P6）／透明的大海與跨越這片海的大橋，是古宇利島的人氣景點（P7）

012

047

060

071

將旅行One Scene融入生活

082

093

107

let's enjoy!

符號標示　☎ 電話　MAP 地圖　🏠 住址　‼ 交通　💰 費用
　　　　　🕐 營業時間　休 公休日　座 座位數　P 停車場
地圖標示　🔹 觀光景點・玩樂景點　🍴 用餐　☕ 咖啡廳　🛍 伴手禮店・商店
　　　　　🍶 酒吧・居酒屋　🏠 住宿設施　休 休息站　Ⓧ 禁止通行

SCENE 1

@Ploughman's Lunch Bakery

― ぷらうまんず らんち ベーかりー ―

1

2

RECOMMENDED BY

攝影師
島袋常貴先生

出身沖繩縣。以沖繩為域，廣泛進行廣告、雜誌照片拍攝及電影攝影等活動。
http://www.estudioisla.com

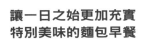

 [see image]

SCENE
1
2
3
4
5

讓一日之始更加充實
特別美味的麵包早餐

最近沖繩有愈來愈多店鋪開始注重早餐。這間麵包坊咖啡廳的早餐，無論味道或氣氛都是一級棒。在狹窄階梯的盡頭打開包圍在綠意中的外國人住宅大門，剛出爐的麵包與咖啡的香氣充盈了整間店，讓人感覺早起是值得的。

如同英文裡含意為「農夫的午餐」的店名，質樸而風味高雅的麵包味道很柔和。店內裝潢有著溫暖的感覺，讓人忘記時間的流逝。天氣好的日子，真想搖晃著庭院裡的吊床，看海度過一整天呢。

中部

ブラウマンズ ランチ ベーカリー

Ploughman's Lunch Bakery

位於北中城村的小山丘上，看得到海的麵包坊咖啡廳。長時間低溫發酵的麵包，讓天然酵母特有的酸味偏淡，增加了甜味。由於店家8點就開門，營業時間早，專程來吃早餐的客人也為數不少。

☎098-979-9097　MAP附錄P18D4
🏠北中城村安谷屋927-2　🚗北中城IC2km　🕐8:00～16:00
🈳週三　🅿25　🅿10輛

① 利用外國人住宅開設的店鋪包覆在綠意裡，彷彿佇立於森林中

② 酪梨開放式三明治950日圓（附湯、沙拉），飲料另計

③ 爬上狹窄階梯至店門前的這段路，也增加了期待的感覺

④ 一杯杯細心沖泡的濾泡式咖啡，請務必和麵包一同品嚐

⑤ 高雅中帶著懷舊氛氣的店內格局，也深富吸引力

⑥ 麵包和咖啡可供外帶，當作兜風時的餐點也很棒

⑦ 藍紋起司與香甜蜂蜜交融的honey & blue cheese 300日圓

Scene 2

@いなみね
― いなみね ―

RECOMMENDED BY

讀者模特兒
屋比久あずさ小姐

1992年生於沖繩縣。2014年受到星探挖掘，現在以縣內城市情報誌的讀者模特兒身份活躍中。

SCENE
1
2
3
4
5

我最愛的沖繩 5 景 ▼ いなみね

HI !

OH

BYE…

① 白熊580日圓的高度約有30cm！分量紮實，但連女孩子也能一掃而空

② 偷偷秀一下「白熊」的製作過程

③ 昭和風櫥窗從以前的店鋪延用至今

④ 也有許多名人粉絲，店內裝飾著簽名板

⑤ 冰淇淋善哉450日圓，戴著帽子般的冰淇淋，感覺好有氣質

⑥ 冰上放著金時紅豆與白玉湯圓的宇治金時600日圓，是店裡的秘密人氣商品

⑦ 放上大量水果的巧克力聖代550日圓，盛在復古聖代玻璃杯裡

大大的身體加上傻呼呼的表情好可愛♪

　　在沖繩炎夏裡不可或缺的，就是在甜煮金時紅豆上放上刨冰的善哉甜點。其中在沖繩家喻戶曉的名人就是這孩子：「白熊」。汽球般的可愛身體，是一般善哉的三倍份量！再怎麼說，最棒的還是那個傻呼呼的表情♪

　　這孩子誕生在距今超過10年之前。店家出於好玩用橘子、鳳梨和櫻桃做出了臉孔，沒想到竟大受歡迎。也有人說，它就像覺得神奇而跑來吃的人的臉……如何？像不像我呀？

（ 南部 ）

いなみねひやしものせんもんてん おしょくじどころ

いなみね冷し物専門店 お食事処

以名產「白熊」聞名的名店，1991年開業，曾於2013年底熄燈結束營業，但在2014年又漂亮地復活了。無論地點或店的規模全都煥然一新，但以白熊為首的菜單卻一如既往。還有沖繩排骨麵700日圓等餐點。

☎098-995-0418　MAP 附錄P5B3
🏠糸滿市糸滿1486-3　🚗豐見城・名嘉地IC6km
🕐11:00～19:00　休週二(夏季時營業)　席32　P10輛

SCENE
3
@古宇利島
— こうりじま —

1

RECOMMENDED BY
藝人、模特兒
玉那霸由規 小姐
（Color's）

除了演出電視節目《沖繩BON!!》（琉球放送）及沖繩新喜劇等之外，也常在電視廣告或雜誌上露臉，活躍於眾多領域。

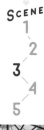
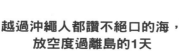

越過沖繩人都讚不絕口的海，
放空度過離島的1天

　　越過沖繩本島最長的古宇利大橋後就是古宇利島，四周的海域透明到可以直接看到珊瑚礁。還有許多未經人工雕飾的海岸，到處都有天然而美麗的海灘。在這種島上我喜歡的度假方式是，先在美麗的海灘上放空，肚子有點餓時，就去島上的咖啡廳吃甜點或輕食，接著再回去海灘上看書……。

　　來觀光時往往會手忙腳亂地度過，但請試著這樣過一次看看！你一定會喜歡♪

我最喜愛的沖繩5景 古宇利島

(美麗海水族館周邊)

こうりじま
古宇利島

周長約8km的島嶼，留有未經人手的大自然。2005年古宇利大橋開通後，成為大受歡迎的兜風路線，咖啡廳和觀光設施也隨之開幕。心型岩在電視廣告中亮相後一炮而紅，現在成了沖繩具代表性的觀光景點。

☎0980-56-2256（今歸仁村經濟課）**MAP**附錄P24F1
🏠今歸仁村古宇利 🚗許田IC21km ⏰自由參觀 🅿古宇利大橋一帶
・Ocean Breeze ☎0980-56-4933 **MAP**附錄P24F1 ⏰11:00～
18:00 休週三、週四 ⑭24 🅿7輛
・古宇利海洋塔 ☎0980-56-1616 **MAP**附錄P24F1 ⏰9:00～
18:00 休無休 🅿100輛

在古宇利大橋邊有離島特有的美麗海灘

島嶼北部Tinu濱海岸的心型岩，是女孩子和情侶的聖地

全長1960m的古宇利大橋，也適合騎出租自行車過橋

既然來了至少讓腳泡泡海水。驚艷於海水的透明度

島上咖啡廳Ocean Breeze的芒果牛奶冰550日圓

觀景設施古宇利海洋塔上也有餐廳，古宇利大橋盡收眼底！

島上有許多海灘，包含鄰近Tinu濱海岸的渡海海灘等

SCENE 4

@Atelier petit papillon
— あとりえ ぷち ぱぴよん —

1

在手工藝品特產直銷商店「gallery shop kufuu」（→P84）挑選商品及規劃特展。本身也是藝大出身，精通手工藝品製作。

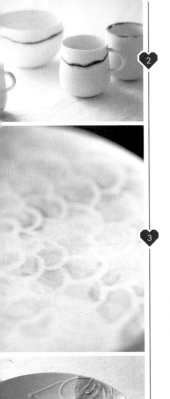

纖細又帶著透明感的器皿，
光是欣賞就能讓心情平靜

作品不是帶著土味的陶瓷風格，而是纖細又具有透明感，令人耳目一新。最初以黑白基調的單色作品為主，後來誕生了降雨杯和水滴系列，一點一滴增加的色彩拓展了作品的範圍，感覺魅力也隨之增加。

「光是用盤子就能讓自家變成咖啡廳的餐桌」，像這樣一見鍾情的客人不少。我自己家裡用的時鐘和燈罩也很美。她的作品賦予了空間柔和的氣氛，光是欣賞，就能放鬆心情平靜下來。

我最喜愛的沖繩 5 景 ♥ Atelier petit papillon

ARTIST ———

Atelier petit papillon

中村かおり 小姐

千葉縣出身。從沖繩縣立藝術大學畢業後曾回到家鄉，2011年又再度搬到沖繩。2014年在那霸市開設工作坊「Atelier petit papillon」。育有兩女，分別為7歲和5歲。一如「想在日常生活中，帶來非日常、宛如夢境般的世界」這樣帶著某種虛幻的感覺，製作出纖細的器皿。

 1 主要使用白色為基調的瓷土製作，右邊的方盤是以手帕為形象

 2 形狀和花紋各有不同，但共通點是帶點虛幻的夢想世界

3 讓人聯想到沖繩染織技巧：「紅型」花樣 的雅緻 盤子8000日圓起

4 1枚看起來既像鮮奶油又像蛋糕的美味碟子

 5 也有餐具以外的作品，形狀如南瓜的可愛小花瓶

 6 彷彿讓室內裝潢也活潑起來。風格纖細的花型活動吊飾

 7 以三角旗為主題的涼爽設計，三角旗茶碗2600日圓起

 8 白底水滴圖案構成可愛花樣的降雨杯3200日圓起

SCENE 5
@SEA SIDE DRIVE-IN
— しーさいどどらいぶいん —

夜裡突然好想去……美式得來速的誘惑

在沒有電車的沖繩，兜風是日常娛樂之一。我也會獨自翩然出遊，但有時卻是在三更半夜才一時興起……。沖繩的休息站和咖啡廳雖不少，但往往很早就打烊了。這時最可靠的就是這裡──SEA SIDE DRIVE-IN。窗口24小時營業，不必擔心時間，從速食到定食都能享用到。我特別喜歡豚骨湯頭的家常湯！無論半夜或熬夜到天亮時突然想喝這個湯，都會特地開車去呢！

RECOMMENDED BY

歌手
ikuko小姐

在縣內以寫真模特兒的身份活動，同時以「Nude」的組合進行音樂活動。撰寫每日穿搭的部落格也頗受好評。

(西海岸度假區)

しーさいどどらいぶいん

SEA SIDE DRIVE-IN

於美軍治理時期的昭和42年（1967）開幕。店內展示著美製迷你汽車和摩托車，洋溢美式風情，但菜單上又有牛排和炸豬排蓋飯等和洋中餐點，變化多端非常有趣。

☎098-964-2272　MAP 附錄P20F1
🏠恩納村仲泊885　🚗石川IC4km　🕐8:00～23:00LO（週五、週六為～24:00LO），外帶窗口24小時　休無休　原100　P30輛

① 美國老電影般的霓虹招牌閃閃發光，將度假區裝飾得五彩繽紛

② 店內所有餐點皆可外帶，深夜請至窗口

③ 以炸物為主菜的午間特餐1500日圓（附湯）

④ 復古迷你車櫥窗也帶出美式氛圍

⑤ 窗外就是大海，邊用餐邊悠閒欣賞也不賴

⑥ 人氣炒飯850日圓（附湯），有大量牛肉

⑦ 家常湯200日圓，1天熱銷300杯（！）

⑧ 店內空間寬敞，大廳服務生會用手推車送餐

ANOTHER

繼續看下去

我最愛的

熱愛沖繩的5位旅遊達人在此
與精采景點，說不定能發現全

Q1

SPOT

在沖繩
最喜歡的
地方是哪裡？

Q2

GOURMET

非吃不可的
美食是？

Q3

HOT NOW

現在最受矚目的
旅遊主題・景點是
什麼？

A1 宮城島的
いちゃんだ海灘

未經人工整飾的天然海灘在沖繩就叫いちゃんだ海灘。在宮城島（MAP 附錄P8F3）的海灘上，下海時眼前的景色會讓人不禁興奮起來。海邊珊瑚不多，小孩子也可以輕鬆玩耍，故推薦給大家。

A2 口味眾多
的「塔可」

沖繩其實是塔可天堂，從軟式到酥脆的硬式，各種種類都可享用到。我推薦宜野灣市的墨西哥（→P135），非常美味。

A3 在美麗的海上嘗試
「SUP」

我推薦現在越來越受歡迎的「立槳衝浪（可在熱帶海灘等地體驗→P121）」。就像在海面上漫步一樣，感覺很新鮮。請大家一邊遠眺珊瑚礁花園一邊享受美麗的沖繩海。

A1 大海就在一旁
的北谷町沙灘

沙灘（宮城海岸→MAP 附錄P19A2周邊）在海岸線上規劃好了步道，是最適合感受大海的地點。白天有人在衝浪或潛水，看他們玩就覺得

開心。這裡夜景也很美，時髦的店也不少，是推薦給女孩子的景點。

A2 一定要
吃島豆腐！

沖繩豆腐味道濃郁，無論做成沖繩炒什錦或直接吃都相當美味唷。我推薦名叫湧川食品的豆腐店，特別是大小易入口的沖繩豆腐湯，我最喜歡了。沖繩超市也有賣哦！

A3 去新興景點
逛看看吧

沖繩總是不斷地有新景點誕生，每次都讓人感到興奮。其中我推薦永旺夢樂城沖繩來客夢（→P134），很多店鋪是沖繩第一間，叫愛購物的我怎麼受得了（笑）

攝影師
島袋常貴先生

讀者模特兒
屋比久あずさ小姐

SCENE ♥

其他沖繩風景

分享更多更深入沖繩的玩樂方式
新的魅力與旅遊方式喔！

A1 沖繩的原風景，備瀨的福木行道樹

備瀨的福木行道樹（→P110），整個聚落都被福木所覆蓋，彷彿穿越了時光隧道。我喜歡在這裡悠閒散步，一面盡情呼吸大自然的空氣一面陷入沉思。

A2 挑戰イラブ一汁！

イラブー汁就是……海蛇湯（！）。大家聽了可能會嚇一跳，但這個無庸置疑是沖繩傳統料理。「イラブー料理 カナ」（☎098-930-3792 MAP 附錄P18D3）會花上長時間細心烹煮，非常易入口，我很推薦。

A3 徹底染上沖繩的色彩！

我推薦完全陷在沖繩裡的旅行。例如在那霸市平和通的店裡換上琉裝體驗當公主的心情、在壺屋やちむん通（→P102）接觸傳統工藝，或是巡訪城跡等等。請徹底享受非日常的生活。

A1 首里金城町的石板道與大茄冬樹

至今仍然非常喜歡學生時代住過的首里。首里金城町石板道（MAP 附錄P31B3周邊）的民宅與石板道街道非常漂亮，是條不錯的散步路線。漫步在石板道上，最終會抵達「金城的大茄冬樹」，在樹齡300年、堪稱是神木的樹下休息片刻，讓人打從心底感到平穩寧靜。

A2 「富久屋」的沖繩家庭料理

位於首里的名店「富久屋」（☎098-884-4201 MAP 附錄P31C1）能品嘗到讓人打從心底放鬆的家常味。這裡的沖繩代表性湯品：五花肉味噌湯風味絕佳。還有，來沖繩請務必嘗嘗看「泡盛」，48間釀造所的風味各有不同，越瞭解就越驚訝於其中的深奧。

A3 接觸傳統文化的兜風之旅

我自己很喜歡在假日時，兜風巡訪能接觸到沖繩傳統或文化的景點。有很多事連在沖繩土生土長的我也不知道，越瞭解就會越喜歡沖繩。

A1 傢俱和雜貨品項齊全的PEARL

宜野灣市大山有非常多間賣美式傢俱和雜貨的店。PEARL（☎098-890-7551 MAP 附錄P16D2）網羅了復古傢俱和雜貨，如果想採購室內擺設一定要先來這裡。

A2 我喜歡 hoppepan

這間是宜野灣市的麵包店（☎098-988-4493 MAP 附錄P17C3）。陳列各種各樣幾乎數不清的剛出爐麵包，總是這麼吸引人（笑）。我推薦栗子鄉村鹽奶油三明治，幾乎每天都想吃！

A3 自由享受海灘party

因為可以和朋友們吵吵嚷嚷著享用BBQ，所以我很喜歡海灘party住宿。想游泳的時候就能游泳，吃飽喝足後大家睡成一團，一定能留下美好的回憶。推薦伊計海灘（☎098-977-8464 MAP 附錄P8F3）。

藝人、模特兒
玉那霸由規 小姐
（Color's）

gallery shop kufuu 店經理
田港真紀子 小姐

歌手
ikuko 小姐

Check

從哪裡玩起好？ 我的私房旅行

建立行程之前，首先要確認各地區的特性。
沖繩本島大得出乎預料，要在那霸以外的地方遊覽，一定需要租車。

古宇利島和景點都集中在水族館周邊

ちゅらうみすいぞくかんしゅうへん
美麗海水族館周邊

以本部半島為中心，集結了沖繩美麗海水族館、古宇利島、備瀨的福木行道樹（→P111）等人氣景點。也請務必嘗試看看沖繩麵和森林咖啡廳。

1 沖繩美麗海水族館（→P138）的「黑潮之海」
2 有漂亮海灘的古宇利島（→P14）

度假飯店林立
隨興在海邊遊玩

にしかいがんりぞーと
西海岸度假區

海岸邊度假飯店林立。殘波岬（→P113）、萬座毛（→P136）和潛水勝地藍色洞窟（→P122）也都在這裡。

1 美麗的Mission海灘（→P36）2 田中果実店（→P55）的刨冰

國際通和首里城等
沖繩的核心地帶

なはたうん
那霸市區

距那霸機場車程10分鐘左右。國際通和沖繩食材集中地——那霸市第一牧志公設市場就在這裡，世界遺產首里城公園也在這一區。

1 沖繩最大的鬧區國際通（→P98）2 醒目的朱色守禮門（→P132）是首里城的象徵

西海岸度假區

真栄田岬　石川

殘波岬公園

陶器之里

58

沖繩南IC

美濱美國村

喜舍場スマートIC
北中城IC

330

那霸市區

西原IC
首里城公園
西原JCT
南風原北IC

58

國際通

單軌電車

那霸IC

那霸機場
自動車道

那霸機場

南風原南IC

330

豐見城
名嘉地IC

豐見城
IC

507

那霸機場自動車道

331

南部

平和祈念公園

伊江

水族館

Check

邊戶岬

58

58

與那霸岳 ▲

山原

58

安田ヶ島

繩美麗海水族館
備瀨

古宇利島
505
古宇利大橋
屋我地島
本部半島
奧武島
58
331
505

麗海水族館周邊

449
58

329
331

許田IC

58

宜野座IC

金武IC
IC

繩北IC

中部

伊計島
宮城島
平安座島
海中道路
濱比嘉島

津堅島

久高島

被叢林覆蓋
棲息著特有動植物

やんばる
山原

約有80%面積被森林所覆蓋的自然寶庫。由本島北部的東村、大宜味村、國頭村組成。也有山原秧雞等稀有生物。

1 慶佐次川的紅樹林（→P124）
2 沖繩最北端的海岬，邊戶岬（→P141）

洋溢國際風情的
地方城市

ちゅうぶ
中部

由11個市町村組成，西部有美濱美國村，東部則有特色景點分布其中，例如連接本島與四座島嶼的海中道路等。

1 美濱美國村
（→P135）2 海中
道路（→P114）

戰跡、能量景點和海邊
咖啡廳星羅棋布

なんぶ
南部

沖繩戰役結束的地方。糸滿市到處都有戰跡，而南城市也聚集了諸如齋場御嶽等聖地。能將大海盡收眼底的咖啡廳也不少，適合小憩片刻。

1 浜辺の茶屋（→P32）2 世界遺產
齋場御嶽（→P142）

Listen

須事先了解的基本二三事

我的旅行小指標

要住宿幾天？怎麼移動？以下整理出能指引旅行疑難雜症的10個小指標，
不妨在安排行程時列入參考喔。

準備出發前…

1

如果想好好繞一圈
最起碼要3天2夜以上

沖繩本島一圈約400km，景點也很分散，所
以一般是3天2夜起跳。即使如此，想全部
逛過一遍還是很困難，所以事先把想去的地
方、想做的事挑出來擬定計劃比較好。

2

想在海邊戲水就選夏天
但要小心颱風季節

海水浴場是在4月左右開放。真正的夏天卻
是在梅雨結束後的6月後半至9月才到來。
但是，需要特別注意的是，期間也有颱風季
節。冬季氣溫在17度上下，但北風強勁，
可能會感覺寒冷，要注意保暖。

平均氣溫概況
- 4・5月…22～25℃
- 6～9月…27～29℃
- 10・11月…23～25℃
- 12～3月…16～19℃

3

說到美食絕不能錯過
水果與うちなー（沖繩）料理

使用芒果或火龍果等南國水果製作的甜點是
一大享受。除了沖繩麵、沖繩炒苦瓜等標準
美食外，也請嘗嘗看テビチ（豬腳）和島蕗
蕎等うちなー料理。

當季水果月曆
- 6～9月　鳳梨
- 7～8月　芒果
- 7～10月　火龍果
- 2・3月　百香果

4

殘留濃烈舊曆文化色彩的沖繩
請留心舊盂蘭盆與祭典的舉辦日期

舊曆即為太陽太陰曆，曾經是日本全國採行
的曆法。在沖繩有許多祭典和活動是依據舊
曆舉辦，特別是舊盂蘭盆（舊曆7月13日～
15日，2017年為9月3日～5日）是最重要的
活動，有些商店不會開門營業，需特別留
意。

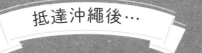

抵達沖繩後…

門戶是那霸機場
接下來，該怎麼移動？

沖繩本島大得出乎預料，加上沒有火車，交通方式有限。如果主要目的是在那霸觀光，搭乘沖繩都市單軌電車和計程車即可，但假如想從事海上娛樂或享受大自然，就一定需要租車，事先預約吧。

因巴士專用道而塞車
開車時請注意！

由於沖繩是汽車社會，所以塞車情況也很嚴重，行動上最好保留緩衝時間。再來要注意在早晚尖峰時間，國道58號等道路會有部分車道作為巴士專用道，禁止普通車輛行駛，違者會罰款並扣點。

建議投宿西海岸
想省錢就住那霸市區

如欲享受南國氛圍的話建議住度假飯店，特別是西海岸地區，幾乎位在沖繩本島的正中央，作為觀光據點十分便利。如果想省住宿費，就住商務飯店集中的那霸市區，機加酒的組合方案也不少。

可惜竟然下雨了…
這時度假飯店就有優勢

雨天可以在室內游泳池戲水，或挑戰館內的全身美容或體驗課程，這樣悠悠哉哉的享受是度假飯店的一大魅力。除此之外還可以參考水族館或主題公園等有屋頂的觀光景點。

非去不可的景點是
沖繩美麗海水族館和古宇利島

沖繩美麗海水族館和古宇利島是沖繩本島的2大觀光勝地，由於距離較近，所以建議一併參觀。也不要忘了去首里城和齋場御嶽等世界遺產、外國人住宅和紅瓦老民房，以及海邊咖啡廳等沖繩特有的店家哦。

想找伴手禮
去國際通就不會錯

沖繩最大鬧區國際通上有一整排的伴手禮店。從金楚糕、紅芋塔等標準伴手禮到摩登工藝品一應俱全。到了那霸機場也要睜大眼睛，會有機場限定商品，能買到別具風味的伴手禮。

詳細交通資訊請見P150

Route

不知道該怎麼玩時的好幫手
3天2夜的標準玩樂PLAN

第一次到沖繩旅行，不知道該去哪裡好嗎？要不要採用以下行程呢？
第3天有2個行程提案，一步步客製化成自己的需求吧。

Plan

第1天

Start

那霸機場
| 10km
1 港川外國人住宅
| 10km
2 美濱 美國村
| 12km
3 陶器之里
| 8km
4 琉冰 Ryu-Pin
| 21km
5 The Busena Terrace

第2天

6 きしもと食堂本店
| 5km
7 沖繩美麗海水族館
| 1km
8 cafe CAHAYA BULAN
| 20km
9 古宇利島
| 30km
10 The Busena Terrace

Stay

中部　*西海岸度假區*　*美麗海水族館周邊*　*西海岸度假區*

第1天 ╲ **1** — 午餐＆購物

Start

那霸機場

〔中部〕————————— P46

みなとがわがいこくじんじゅうたく
港川外國人住宅

位於浦添市港川地區，過去曾經是美軍住宅街，現在排列著改建得可愛討喜的商店。也有許多咖啡廳，請務必在這兒用午餐。

---

2 — 購物

〔中部〕————————— P135

みはまあめりかんびれっじ
美濱美國村

以美國西岸為形象的購物區，令人雀躍的雜貨和首飾商店非常多，情緒也跟著高漲起來了。

第2天 ╲ **6** — 沖繩麵午餐

〔美麗海水族館周邊〕——— P64

きしもとしょくどうほんてん
きしもと食堂本店

尖峰時間大排長龍的沖繩麵名店。柴魚風味超群的湯頭和自製麵條組合成的沖繩麵，即使排隊也要嘗到這一味。

---

7 — 參觀水族館

〔美麗海水族館周邊〕——— P138

おきなわちゅらうみ すいぞくかん
沖繩美麗海水族館

拿下眾多世界首創、世界第一的記錄，沖繩觀光人氣No.1的水族館。鯨鯊悠游其中的巨大水槽「黑潮之海」魄力十足。

Route

3 尋找陶器

西海岸度假區 ——— P108

やちむんのさと
陶器之里

綠意盎然的用地上聚集了約16間
工作坊的陶藝區。有藝廊也有直銷
店,在這裡尋找你中意的陶器吧。

4 點心時間

西海岸度假區 ——— P58

りゅうぴん
琉冰 Ryu-Pin

刨冰上放滿南國特有當季熱帶水果
的冰山超受歡迎,冰淇淋總匯也很
值得推薦。

5 飯店 check-in

西海岸度假區 ——— P144

ざ・ぶせなてらす
The Busena Terrace

以整個部瀬名岬為建地、包圍在大
自然中的頂級觀光飯店。在海灘上
或泳池邊看著美麗的夕陽,再浪漫
不過了♪

8 下午茶時間

美麗海水族館周邊 ——— P111

かふぇ ちゃはや ぶらん
cafe CAHAYA BULAN

咖啡廳位於福木覆蓋的備瀨聚落。
在海景盡收眼底的露天座位上,同
時享用飲料和亞洲風情的南國甜
點。

9 前往話題島嶼

美麗海水族館周邊 ——— P14

こうりじま
古宇利島

從有沖繩本島第一長之稱的古宇利
大橋登島。因廣告而出名的心型
岩、美麗的海灘和咖啡廳散布在島
上各個角落。

10 續住飯店

西海岸度假區 ——— P144

ざ・ぶせなてらす
The Busena Terrace

飯店內擁有各式各樣的餐廳,可享
用一頓優雅的晚餐。在寬敞的客房
裡放鬆休息。在海浪聲中醒來。

標準玩樂PLAN 第1〜2天

Stay

前往第3天

Route

3天2夜的標準玩樂PLAN
選擇你喜歡的第3天玩樂PLAN

第3天在飯店check-out後，有2個行程提案！看是要快快用完早餐立十即返那霸市區遊覽呢，
或是走高速公路一口氣南下、充分享受那霸市區到南部之間。

Plan

第3天之①

Start

The Busena Terrace
| 20km

11 SEA SIDE DRIVE-IN餐廳
| 20km

12 海中道路
| 9km

13 瑠庵+島色
| 48km

14 國際通
（むつみ橋交差路口）
| 步行2分

15 那霸市第一牧志公設市場
| 5km

那霸機場

Finish

西海岸度假區 / 中部 / 那霸市區

第3天之②

Start

The Busena Terrace
| 60km

11' 首里城公園
| 20km

12' 齋場御嶽
| 8km

13' 浜辺の茶屋
| 17km

14' いなみね冷し物專門店お食事処
| 13km

15' 國際通
| 5km

那霸機場

Finish

那霸市區 / 南部 / 那霸市區

第3天之①

Start

The Busena Terrace

11 午餐時間

12 經由海上道路前往島嶼

西海岸度假區 —— P18
しーさいどどらいぶいんれすとらん
SEA SIDE DRIVE-IN餐廳

1967年開幕的沖繩第一間得來速。大量網羅和式、西式、中式與三明治等餐點。

中部 —— P114
かいちゅうどうろ
海中道路

連結沖繩本島與平安座島、長約4.8km的海上道路，邊兜風邊遠眺兩側的大海令人心曠神怡。中間的道路公園也有瞭望所。

第3天之②

Start

The Busena Terrace

11' 參觀世界遺產

那霸市區 —— P132
しゅりじょうこうえん
首里城公園

以國王的宮殿榮華一時的首里城，在琉球王國時期就是政治的中心。這裡充滿耀眼的朱色正殿和守禮門等值得一看的景點。

12' 聖地巡禮

南部 —— P142
せーふぁうたき
齋場御嶽

留有琉球開闢傳說、沖繩最高的聖地。森林一帶被視為聖域，由巨岩形成的隧道非常有名。已登記為世界遺產。

Route

14・15'

13

13'

Finish

那霸機場

標準玩樂 PLAN 第 3 天

| **13** | 吃個刨冰休息一下 |

| 中部 | ──── P115 |

るあんぷらすしまいろ
瑠庵＋島色

經由海中道路到達平安座島，這間刨冰店就在前方的宮城島上。將芒果或草莓果肉直接放進果汁機裡打出來的糖漿是極品！

| **14** | 街道漫步 |

| 那霸市區 | ──── P98 |

こくさいどおり
國際通

在那霸的主要道路上邊買邊散步吧。如果想再走遠一點，還可以順便去壺屋やちむん通（→P102）。

| **15** | 參觀市場 |

| 那霸市區 | ──── P92 |

なはしだいいちまきしこうせついちば
那霸市第一牧志公設市場

集合沖繩各地食材的市場，有豬頭和五顏六色的魚等許多在本島見不到的食材，根本就是吃的主題公園。

| **13'** | 海邊咖啡廳午餐 |

| 南部 | ──── P32 |

はまべのちゃや
浜辺の茶屋

沖繩海邊咖啡廳的代表店。蓋在海灘上，漲潮時海浪聲幾乎會響徹整間店。店家自製的鄉村麵包三明治等餐點非常受歡迎。

| **14'** | 點心時間 |

| 南部 | ──── P12 |

いなみねひやしものせんもんてん おしょくじどころ
いなみね
冷し物専門店 お食事処

名品巨大刨冰：白熊，用櫻桃和橘子做出來的表情十分可愛♪還有沖繩麵等餐點。

| **15'** | 找伴手禮 |

| 那霸市區 | ──── P98 |

こくさいどおり
國際通

長約1.6km的道路上排著數也數不清的伴手禮店，從甜食、雜貨到手工藝品廣泛網羅，是尋找伴手禮的最佳場所。

Finish

那霸機場

WELCO
OKIN

現在最想一探究覚的

聽著海浪聲，
在海邊咖啡廳Relax ♪

海灘就在一旁，漲潮時海浪聲成了背景音樂，這麼美妙的咖啡廳在沖繩比比皆是。
由於能讓人油然而生「到了南國！」的實際感受，所以推薦將這些店作為旅行的第一站。

COMMENTED BY 伊東一洋 WRITER

南部

はまべのちゃや
浜辺の茶屋

座落在海灘上最棒！
沖繩海邊咖啡廳的先驅

這間店一如店名蓋在沙灘上，和大海幾乎零距離，
正是最理想的海邊咖啡廳。特等席是大海盡收眼底
的吧檯座，能眺望如畫般的美麗風景。餐點包括使
用自製麵包的沖繩水果蔬菜鄉村三明治550日圓和琉
球花紅茶500日圓（→右頁第2排）。

1 吧檯座的視野，能
近距離欣賞潮水漲退
與海色的變化 2 自
製熱狗麵包做的大亨
堡550日圓 3 也推薦
在沙灘上放鬆一下

☎098-948-2073 MAP附錄P4E3
🏠南城市玉城玉城2-1
🍴南風原南IC8.5km
🕙10:00～19:00LO（週一為14:00～）
休無休 席30 P20輛

SHOP DATA

HAVE A NICE TIME

1995年開幕，沖繩海邊咖啡廳的先驅，以扶搖不墜的人氣為傲。老闆
勤奮親手打造的店面洋溢薯木頭的溫度，與四周的大自然融為一體。滿
潮前後的海景特別精采！

1 在露天座位上大海盡收眼底 2 吧檯裡的利口酒種類豐富
3 本週的義大利麵午餐1320日圓（照片是滿滿海鮮美味的新鮮番茄海鮮義大利麵）和熱帶百香果汁850日圓

(中部)

とらんじっと かふぇ
Transit Café

隨興的度假感和正統創意餐點
讓人笑容滿面！

以絕佳地點自豪的這間店，創意義大利菜極受歡迎，像是卡門貝爾起司「起司火鍋風」特製綜合料理1420日圓，濃厚的起司是極品。無論午餐、晚餐、酒吧，全天皆可消費也是魅力之一。悠悠哉哉地享受跳脫日常的生活吧。

☎ 098-936-5076 MAP 附錄
P19A2 🏠 北谷町宮城2-220 2F
🚶 沖繩南IC5km ⏰ 午餐11:00～
16:00LO，晚餐17:00～23:30
LO 休 不定休 席 36 P 無

SHOP DATA

西海岸度假區

あいらんど かふぇ ぷろでゅーすど ばい まーめいど

Island Cafe Produced by MERMAID

店的後方就是谷茶海灘，坐在面海的露天座位，可以在海浪聲背景音樂下享用餐點。活用沖繩特有風土的餐點，例如伊江島產小麥全麥粉做的麵包蛋糕等，頗受當地顧客的好評。令人開心的是在海裡游泳後，可以直接穿著泳裝進店消費。

☎098-966-8290　MAP附錄P23B3
🏠恩納村谷茶168　🚗石川IC9km　🕐11:00～17:00
🈑週四(8、9月無休)　🪑30　🅿10輛

1 充滿開放感的露天座位，細浪聲和海風使人心情舒暢
2 能品嘗到小麥滋味的紅豬鬆餅特餐1080日圓 3 以國道58號路邊的黃色建築物為標的出發吧

美麗海水族館周邊

かふぇ ちゃはや ぶらん

cafe CAHAYA BULAN

店內以峇里島風情家飾營造出度假感，從任何座位都能欣賞到絕佳的風景。坐在其中4席露天座位更能遠眺伊江島，將美景盡收眼底。從越南河粉變化而來的亞洲麵880日圓，和添加八角的五花肉蓋飯等亞洲風餐點也很受到矚目。

☎0980-51-7272　MAP附錄P25B1
🏠本部町備瀨429-1　🚗許田IC29km　🕐12:00～日落
(餐點為16:00LO)　🈑週三、週四(7～9月僅休週三)
🪑30　🅿利用町營停車場

1 視野良好的露天座位，即使在盛夏，有清風吹拂時也很涼爽 2 五花肉蓋飯900日圓，可加海葡萄300日圓
3 藤椅等亞洲風家飾非常時髦

─── 休息一下 ───

悠悠哉哉。沖繩時間@美麗海灘

❶❻❼

合計約2km的長海灘，被視為琉球神話的舞台之一。傳說中開闢之神阿摩美久就是從此海岸登陸沖繩本島，因此現在也被視為聖地而受到重視。

(南部)

ひゃくなびーち／みーばるびーち
百名海灘／新原海灘

☎098-948-4611（南城市觀光協會）
MAP 附錄P4E3　🏠南城市玉城百名
🍴南風原南IC10km　🕐🕑🈹自由入場
🅿收費停車場（1日500日圓）

❷❺

穿過讀谷村住宅區後，總算到達這個觀光客不多、鮮為人知的好地方。涼亭和餐廳等設施完善，但沙灘可是百分之百純天然！近海可欣賞有菫狀奇岩的獨特景觀。也很推薦在黃昏時來這裡。

(西海岸度假區)

とぐちびーち
渡具知海灘

☎098-982-8877（GANJYU FARM）
MAP 附錄P9A3　🏠讀谷村渡具知228
🍴沖繩南IC10km　🕐🕑🈹自由入場
🅿30輛

❸❹❽❾❿

三面森林環繞、充滿私密感的天然海岸。在白色木露台上可遠眺美麗的漸層海景。令人開心的是香蕉船等海上活動也很豐富。

(西海岸度假區)

みっしょんびーち
Mission海灘

☎098-967-8802　MAP 附錄P11B4
🏠恩納村安富祖2005-1　🍴許田IC10km　🕐入場費300日圓　🕑開放游泳期間4～10月的9:00～18:00（有季節性變動）　🈹期間中無休（海上娛樂活動全年營業）🅿100輛（1日300日圓）

這裡真的是日本……？
南國花草擁簇下的咖啡廳

沖繩總是給人強烈的海洋印象，但其實綠意也很豐富。往森林裡踏進一步，就有草木芳香與新鮮空氣妝點充滿魅力的咖啡廳。我也時常在假日來這裡尋求內心的慰藉呢。

COMMENTED BY 高良蘭 EDITOR

美麗海水族館周邊

かふぇ いちゃら
Café ichara

在整片綠意裡獲得慰藉♪
包圍在負離子中的下午茶時間

位於從縣道84號往山道下去一點的地方，一進店裡，立刻就有逼近露天座位的蔥鬱亞熱帶樹林跳入眼簾。四周被綠意包圍，充滿舒服的空氣，連在夏天也幾乎能感受到氣溫的差異。請在石窯烤出來的披薩和甜點的伴隨下享受森林浴。

☎0980-47-6372 MAP附錄P24D3
🏠本部町伊豆味2416-1 🚗許田IC16km
🕐11:30～16:15LO 休週二、週三 席48
Ｐ9輛

SHOP DATA

1 能遠眺桫欏等亞熱帶樹林的露天座位28席 2 苦瓜增添色彩的苦瓜披薩（小）1300日圓 3 烤起司蛋糕400日圓，加飲料的套餐800日圓

HAVE A NICE TIME

朱槿花等南國特有的花草替風景增添色彩

原創印度烤餅咖哩1200日圓。印度烤餅是石窯烤出來的正統風味

台灣香欅汁與西印度櫻桃汁各500日圓，陶瓷的杯子也很美

4
可帶狗狗進店消費，因此聚集了愛狗的本地客人

GOURMET GUIDE

美麗海水族館周邊

やちむん喫茶シーサー園
やちむんきっさしーさーえん

由店主老家的老房子增改建而來，26年前開始作為咖啡廳營業。現在是森林咖啡廳的先驅，有許多客人造訪。2樓的景觀非常有特色，撤除了一面的牆壁，能欣賞到彷彿把森林擷取一塊下來的風景。

☎0980-47-2160 📖附錄P25C3
🏠本部町伊豆味1439 🚗許田IC17km ⏰11:00
～19:00 🈺週一、週二(達假日則翌日休) 🪑50 🅿20輛

1 屋簷瓦的後方有一片濃綠的森林 2 類似韓國煎餅的沖繩煎餅500日圓 3 表情豐富的風獅爺在屋頂上迎接 4 店的周圍有步道可享受散步之樂

美麗海水族館周邊

Cafe ハコニワ
かふぇ はこにわ

佇立在蒼翠森林中、屋齡超過50年的老民房，由女性店主孜孜矻矻地改裝。復古又可愛的空間集合了品味高雅的裝潢、沙發和料理用器皿，是其迷人之處。再加上又是在森林裡，有許多女性客人光顧，店裡總是熱熱鬧鬧的呢。

☎0980-47-6717 📖附錄P24D3
🏠本部町伊豆味2566 🚗許田IC15km ⏰11:30
～17:30 🈺週三、週四 🪑17 🅿10輛

1 古典傢俱存在感強烈的店內 2 附湯與甜點的今日箱庭拼盤900日圓 3 手工巧克力布朗尼400日圓 4 充滿氣氛的店外觀

美麗海水族館周邊

あいぞめさぼう あいかぜ
藍染茶房 藍風

位於從險峻山道往上的山腹裡，從逼近露天座位的樹林縫隙間，可一覽八重岳山麓的自然景觀，也能聽見鳥兒的鳴囀。由身兼陶藝、紅型和藍染工匠的店主經營，所以附設的藝廊裡也有販售作品。

☎0980-47-5583　ＭＡＰ附錄P25C2
🏠本部町伊豆味3417-6　🚗許田ＩＣ18km　🕐10:00～17:00　💤週一、週四　🪑28　🅿10輛

1 從週廊般的露天座位可看見春天的櫻花、夏天的木荷盛開的模樣 2 藍風特製沖繩煎餅550日圓，滿滿當地食材的沖繩版御好燒 3 色澤鮮艷的藍染暖簾在風中搖曳

山原

がじまんろー
がじまんろー

從國道58號走約10分鐘的山路就能到達這間咖啡廳。一面望著眼前大宜味村象徵：坊主森的威儀，一面感受與大自然融為一體的感動。在庭院裡散步也很不錯，躺躺吊床或盪盪鞦韆、在重拾童心的氣氛下渡過也很愉快。

☎0980-44-3313　ＭＡＰ附錄P13C3
🏠大宜味村大宜味923-3　🚗許田ＩＣ30km　🕐11:00～18:00　💤週五～週日　🪑20　🅿5輛

1 想在清新的空氣中療癒日常的疲憊 2 香蕉蛋糕400日圓與手搾台灣香檬汁500日元 3 添加魁蒿的魁蒿披薩800日圓 4 從停車場過去的入口也美如畫

用健康早餐
開始島嶼的一天

稍微起早一點去吃頓講究的早餐，感覺一天的滿足感也瞬間上升，
在沖繩也有好多用當地食材做的美味早餐哦♪

COMMENTED BY 三木愛海 WRITER

(那霸市區)

かふぇ にふぇーら
カフェ にふぇーら

滿滿自然栽培&無農藥的蔬菜
感受食材能量的早餐

由於「一天的開始要吃富含維他命及礦物質的料理」的想法，提供活用食材、對身體好的料理。健康的全素料理只用縣產蔬菜或水果製作，魚、肉、乳製品等動物性食材一概不用，非常受歡迎，能品嘗到食材深奧的滋味。

☎098-868-8636 🅿️附錄P28E4
🏠那霸市壺屋1-13-19壺屋ガーデンハウス1F
🕐8:00～10:00LO ⏸️週日、週一 🪑20
🚻沖繩都市單軌電車牧志站步行6分 🅿有(需確認)

SHOP DATA

將鷹嘴豆泥和有機義大利麵等9種全素料理裝成一盤，沖繩素食大分量早餐1250日圓

Have a nice meal!!

1
因蔬菜和水果的濃郁滋味而得到「身體好像充滿活力！」評價的果昔。這杯是巴西莓綠綜合果昔800日圓，有滿滿的當季食材！

2
添加辣味素食堅果起司的島嶼蔬果沙拉980日圓。奢侈淋上當季水果沙拉醬的餐點

3
鷹嘴豆泥酪梨貝果三明治950日圓。在使用天然酵母製成、充滿彈性的貝果裡，夾入鷹嘴豆泥和無農藥栽培的酪梨與番茄

1 藥膳早餐3240日圓，能吃到多種當季島嶼蔬菜，還可欣賞沖繩當地作者製作的陶器與玻璃製品之美 2 飯店建地內有獨棟餐廳 3 綠意盎然的小庭園 4 洋溢著木頭溫度的用餐空間

（ 那霸市區 ）

おきなわだいいちほてる

沖繩第一ホテル

以島嶼蔬菜為主角的50道料理
585大卡的藥膳早餐

藥膳料理採完全預約制，食材以日本前胡與紅鳳菜等當季島嶼蔬菜為中心，頗受好評。雖然醫食同源的沖繩料理種類繁多，多達50道，但熱量僅有585大卡。可品嘗到對身體好、營養遍及身體各個角落的料理。

☎098-867-3116
MAP 附錄P29C2 ✿ 那霸市牧志1-1-12 ✦沖繩都市單軌電車縣廳前站步行8分 ●8:00～11:00(完全預約制) ✕無休 ✦12 P5輛

SHOP DATA

1 位於牧志公設市場
(→P92)附近 2 質地柔
軟、口感新穎的舒芙蕾鬆
餅1512日圓,請務必嘗
一嘗

(那霸市區)

しーあんどしー ぶれっくふぁすと おきなわ

C&C BREAKFAST OKINAWA

極受歡迎的舒芙蕾鬆餅和三明治,使用購
自附近的牧志公設市場的食材製作。身為
料理研究家的店主親手製作的每一道餐點
皆引出食材極限的風味,獨創性菜色相當
豐富。

☎098-927-9295 MAP 附錄P28D3
🏠那霸市松尾2-9-6タカミネビル1F 🚋沖繩都市單
軌電車牧志站步行10分 🕐9:00~17:00(週六、
週日及假日為8:00~) 休週二 座20 P無

(中部)

ろぎ

Roguii

利用改建過的外國人住宅營業的咖啡廳。
早餐包括三明治、吐司與抹醬、穀片等。
使用自製麵包和原創沙拉醬,處處可見其
講究。

☎098-933-8583 MAP 附錄P18E2
🏠沖繩市与儀2-11-38 🚋沖繩南IC3.5km
🕐9:00~17:00(週六、週日為~18:00) 休週二
座45 P15輛

1 蒜香散發恰到好處的烤雞三明
治1000日圓,附沙拉、穀片和
飲料 2 同時也有販售麵包和雜
貨

1 有8成客人是外國人,洋溢著
美式氛圍 2 煎得剛剛好的法國
吐司600日圓,飲料套餐再加
250日圓

(西海岸度假區)

まえだ ぶりーず もーにんぐ かふぇ

MAEDA BREEZE
~ Morning Cafe ~

自行車愛好者聚集的咖啡廳,離海邊不
遠。不用人造奶油、使用奶油和植物油的
料理與紅蘿蔔蛋糕有一定的好評。

☎098-989-8099 MAP 附錄P20D1
🏠恩納村真栄田1430-12 🚋石川IC7km
🕐8:00~16:00 休週二、週三 座24 P6輛

根本就是電影場景！
前往外國人住宅的商店

利用特色是白牆的外國人住宅營業，沖繩人也常去的時髦店舖都在這裡。
可愛到只要去過一次就絕對會想一去再去唷♪

COMMENTED BY 三木愛海 EDITOR

〔 中部／港川地區 〕

おはこるて みなとがわほんてん

[oHacorté] 港川本店

外國人住宅區的先驅
滿滿當季水果的水果塔

新鮮水果滿到快掉出來的塔非常受歡迎。水果塔使用當季食材製作，讓人從中感受四季，由於使用的是和水果很搭的奶油，所以不只卡士達醬，也能做成起司或檸檬風味的奶油。單純只有巧克力或起司的塔也是極品。

SHOP DATA

☎098-875-2129 MAP附錄P17A3
🏠浦添市港川2-17-1 No.18 🚗西原IC5
km ⏰11:30～19:00 休無休 🪑28
Ⓟ6輛

1 左起為黑香蕉塔580日圓、芒果塔660日圓、新鮮莓果塔620日圓 2 在外國人住宅街的深處 3 可在店內或綠意盎然的庭院小屋裡內用

PICK UP

HAVE A NICE TIME

1
酥脆馥郁的塔皮和
新鮮水果互相搭
配，讓人由衷感動

2
也有販售店裡使用
的托盤等融入日常
生活的餐具和雜貨

3
一面在庭院裡吹著
舒服的風，一面在
小屋裡品嘗塔也不
錯

4
塔三明治1個200
日圓，用來當伴手
禮說不定頗受青睞

1 男女裝皆有2 山口陶工房
等地的器皿 3 由上而下是
古典珠鍊18900日圓／Tigre
Brocante的上衣7344日圓
／Tigre Brocante的裙子
19440日圓／《天空與大
海》 4 也有販售縣內作者
MITSUPRINT的手帕和原創
商品

〈 中部／港川地區 〉

ふじいいりょうてん
藤井衣料店

**遇見精緻且帶著溫度
的洋裝和器皿**

以福岡流行品牌「Tigre Brocante」為首，
販售店主喜愛的高品質衣服、小物、首飾和
器皿。陳列大量性格洋溢的作品，素材、設
計和商品誕生前的故事性強烈。

☎098-877-5740
MAP附錄P17A3 🏠浦添市
港川2-15-7-29 🚗西原IC
5km 🕐11:30～19:00(週
五～週日、假日為11:00～)
🈺週三 🅿2輛

1 還有販售種類每天不同的麵包和司康,如胡桃麵包170日圓等 2 夫婦倆經營的店 3 不使用乳製品、蛋和添加物

中部／港川地區

いっぺこっぺ

ippe coppe

天然酵母吐司專賣店。口感柔軟、越吃越甜的吐司有眾多愛好者,可能在黃昏前就銷售一空。只使用日本國內原料的天然酵母吐司3片裝320日圓起。

☎098-877-6189 MAP 附錄P17A3
🏠浦添市港川2-16-1 🚗西原IC5km ⏰12:30～18:30(售完打烊) 🈺週二、週三、第3週一
🅿3輛

中部／港川地區

ぽーとりばー まーけっと

PORTRIVER MARKET

生活風格市場,能購買到特產與本縣作者做的陶器やちむん。都是生活中常用的商品,也有不少越用越習慣的服飾與雜貨。

☎098-911-8931 MAP 附錄P17A3
🏠浦添市港川2-15-8 No.30🚗西原IC5km
⏰週一、週三、週五為9:00～18:00;週二、週四、週六為12:30～18:00🈺週日、假日🅿2輛

1 還有販售陶器和琉球玻璃 2 小方盤2592日圓 3 使用古典型耳環1620日圓起(可更換為耳夾)

1 常備有10種左右的咖啡 2 將咖啡豆果肉乾燥後,製成的水果風味咖啡果乾汽水450日圓 3 今日咖啡350日圓

中部／港川地區

おきなわ せらーど こーひー びーんず すとあ

OKINAWA CERRADO COFFEE Beans Store

表示「想讓顧客自己發現偏愛的咖啡豆、增加咖啡愛好者」的店主投注感情泡出來的咖啡,連農夫加諸在咖啡豆上的熱情也能一併傳達。

☎0120-447-442(僅限沖繩縣內) MAP 附錄P17A3 🏠浦添市港川2-15-6 No.28🚗西原IC5km
⏰12:00～18:30 🈺週二、週四、假日🅿4(僅有長椅) 🅿5輛

1 人氣鳳梨起司培根漢堡套餐1300日圓,食材風味絕佳 2 集合了古典傢俱和照明的店內

中部／北谷地區

ごーでぃーず
GORDIE'S

從麵包到醬汁都堅持自製的人氣漢堡店。最值得大書一筆的莫過於豪華漢堡排!將分量十足的粗絞肉漢堡放在炭火上燒炙而成,引出肉最大限度的美味和肉汁。外國客人也不少。

☎098-926-0234 MAP附錄P19A1
🏠北谷町砂辺100 🚌沖繩南IC5km ⏰11:00～21:00LO(週六、週日為8:00～) 🈳不定休 🪑53 🅿9輛

中部／北中城地區

くるみしゃ
クルミ舍

在這裡可享用到香氣濃郁、不用咖哩塊或咖哩粉、只用香辛料製成的正統咖哩。也有與香辣咖哩相得益彰的草莓蜂蜜拉昔450日圓,和使用當季水果製成的酵素沙瓦。

☎098-935-5400 MAP附錄P18E3
🏠北中城村渡口1871-1 🚌北中城IC3km ⏰11:00～16:00
🈳週日、假日 🪑16 🅿2輛

1 香辛料雞肉咖哩套餐1200日圓,孜然香氣濃郁的印度風咖哩 2 配置了風格各異的傢俱,品味亮眼的空間

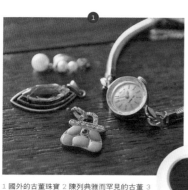

1 國外的古董珠寶 2 陳列典雅而罕見的古董 3 今日咖啡400日圓和巧克力蛋糕450日圓

中部／宜野灣地區

にじゅっせいきはいつ
20世紀ハイツ

經手古典香水、玻璃製品、珠寶、照明與和服小物等的商店。雖然商品的範圍廣泛,但陳列出來的盡是深奧且稀有的物品,讓人理解為何有客人會一再上門。

☎098-963-9349 MAP附錄P17C3
🏠宜野灣市大謝名2-17-7 🚌西原IC2km ⏰11:00～18:00(咖啡為～17:00LO) 🈳週三、週日 🪑6 🅿5輛

PICK UP

WHAT'S "外國人住宅"?

外國人住宅本來是讓美軍基地相關人士及其眷屬居住的住宅。
沖繩歸還後，民間也可租借使用。
由於是平房加上能配合用途選擇房間數，很便於利用，
所以作為咖啡廳和雜貨店開張的住宅越來越普及。
保留外國人住宅的優點改建而成的房間不只漂亮，
待起來也很舒適，非常受到沖繩年輕人的歡迎。

讀谷地區

在都屋、楚邊及大灣等地有許多咖啡廳、鬆餅專賣店和雜貨店散佈其間，但沒有咖啡廳等商店密集的區域，因此必須開車移動。

外國人住宅街MAP

石川地區

這區通稱「曙光咖啡街」，有越來越多的咖啡廳開幕。由於位在小丘上，海景咖啡廳不少也是其特色。

北谷地區

在宮城海岸附近的砂邊也有許多利用外國人住宅開的咖啡廳。由於這區很多在基地工作的相關人士，所以更富有異國情調。

【刊載SHOP】
Transit Café（→P34）
GORDIE'S（→P50） etc……

北中城地區

縣內也很知名的外國人住宅區之一，即是北中城村。大致可分為2區，咖啡廳與雜貨店集中。
（「北中城」的好店一覽→P106）

【刊載SHOP】
Ploughman's Lunch Bakery（→P10）
クルミ舍（→P50）
カフェ スバコ.（→P107）
琉京甘味 SANS SOUCI（→P54） etc……

港川地區

由於港川地區是散步景點，所以很方便順道繞過去。這裡聚集了咖啡廳、沖繩麵店和選貨店，能一次逛到眾多商店是魅力之處。

宜野灣地區

在宜野灣地區，主要道路國道58號線和330號線間，利用外國人住宅開的咖啡廳遍佈。許多商店是直接從大馬路上進去，小心不要迷路了。

【刊載SHOP】
喫茶ニワトリ（→P54）
[oHacorté] 港川本店（→P46）
藤井衣料店（→P48）
ippe coppe（→P49）
PORTRIVER MARKET（→P49）
OKINAWA CERRADO COFFEE
Beans Store（→P49） etc……

【刊載SHOP】
20世紀ハイツ（→P50） etc……

在咖啡專賣店單純品嘗
一杯細心沖泡的咖啡

工作疲累時，總會突然懷念起單純品嘗芳醇咖啡的時間。
最喜歡和咖啡香一起到來的打從心底休息放鬆的時刻。

COMMENTED BY 三木愛海 WRITER

那霸市區

まほうこーひー
MAHOU COFFEE

**繼承過去傳下來的咖啡文化
新感覺咖啡專賣店**

去年秋天，這間咖啡廳從宜野灣市搬到那霸市壺屋
的浮島通附近重新開幕。手沖濾泡式咖啡繼承了
「古老而美好的日本咖啡文化」，每一杯都誠心沖
泡。一杯抓住愛好者心靈的深烘焙咖啡，風味深
厚、後味清爽，讓人有充滿幸福的感
覺。

☎098-863-6866 MAP附錄P28D4
🏠那霸市壺屋1-6-5 🚃沖繩都市單軌電車
牧志站步行10分 🕐10:00～18:00 🚫週三
🪑15 🅿無 ※禁止12歲以下小孩同行

SHOP DATA

1 沖泡咖啡的模樣也
美如畫 2 MAHOU
BLEND500日圓，使
用來自群馬「tonbi
coffee」的烘焙豆，
深烘焙帶來苦味巧克
力般的甜美香氣 3
也可購買咖啡豆或外
帶濃縮咖啡系的咖啡

那霸市區

じかばいせんこーひーてん たそかれこーひー
自家焙煎珈琲店 たそかれ珈琲

自家烘焙的深烘焙豆泡出來的咖啡，擁有微微的酸和深奧的風味。使用特別訂做的手搖烘豆機，配合品種等條件細心烘焙。堅持點餐後才開始磨豆，誕生更芳醇的香氣。店主說：「咖啡的樂趣就在於享受」。

☎無　MAP附錄P29C1
🏠那霸市牧志1-14-3　🚃沖繩都市單軌電車美榮橋站即到　🕐11:00～18:30LO　休每月1、10、20、30、31日　🪑12　🅿無

1 播放爵士樂的店內 2 愛情也一併注入的一杯 3 卡布奇諾450日圓，自製蛋糕水果塔350日圓 4 從沖繩都市單軌電車美榮橋站出來沿著河邊走即到

那霸市區

こーひー ぽとほと
COFFEE potohoto

這間屋台風咖啡廳開在洋溢昭和風情的榮町市場內。店主山田先生憑著對烘焙永不厭倦的實驗精神，創造出原創咖啡。對淺烘焙有高度的堅持，清爽的味道讓無法接受咖啡苦味的人也能享用。同時販售自家烘焙的豆子。

☎098-886-3095　MAP附錄P26F2
🏠那霸市安里388-1　🚃沖繩都市單軌電車安里站步行3分　🕐10:00～18:00（週五、週六～19:00）　休週日　🅿2　🪑無

1 使用耗時5年完成的濃縮咖啡豆沖泡的卡布奇諾300日圓 2 店鋪在市場內 3 在吧檯座和店主聊咖啡 4 縣產台灣香檬&黑糖拿鐵咖啡400日圓

GOURMET GUIDE

被強烈日照曬得精疲力盡時
靠刨冰&善哉涼快一下

說到夏天就想到刨冰。來一碗沖繩特有「冰下藏善哉時紅豆的善哉冰」無所謂！
當地人常常把善哉和沖繩麵湊成一組吃呢。

COMMENTED BY 高良蘭 EDITOR

1 宜野座村產草莓和煉乳組成濃厚的草莓牛奶刨冰（普通尺寸）600日圓，迷你尺寸390日圓　2 在可愛的窗口點餐&取餐

(中部)

きっさにわとり
喫茶ニワトリ

夏季限定的露天咖啡廳，利用人氣麵包店ippe coppe（→P49）的庭院營業。使用火龍果等縣產水果的自製刨冰非常受歡迎，也有人是衝著它來呢。

☎098-877-6189(ippe coppe)
MAP 附錄P17A3 🏠 浦添市港川2-16-1 🚗西原IC5km 🕐13:30〜18:00(售完打烊) 🚫10〜3月(可能變動)、週二、週三、第3週一、雨天、不定休 🈂有 🅿3輛

1 擁有清爽酸甜味的本部町西印度櫻桃刨冰加上滿滿果凍850日圓（6月中旬後販售※需洽詢）　2 將留有復古風情的外國人住宅作為店鋪經營

(中部)

りゅうきょうかんみ さん すーしい
琉京甘味 SANS SOUCI

融合沖繩黑糖與京都抹茶的聖代和蜜豆等甜點大受好評。還有烏龍麵與蓋飯，也很適合在這裡吃頓午餐。請享用琉球×京都的美味合作。

☎098-935-1012 MAP 附錄P18D4 🏠 北中城村荻道150-3 🚗北中城IC3km 🕐11:00〜21:00(午餐〜15:00，咖啡廳15:00〜17:30，晚餐17:30〜20:30LO) 🚫不定休(需洽詢) 🈂42 🅿18輛

1 可從20種口味中任選3種的刨冰（S）380日圓。五彩繽紛的外觀也秀色可餐 2 店開在ANA Inter Continental Manza Beach Resort對面

1 冰善哉300日圓，煮到綿軟的金時紅豆也甜度適中 2 草莓牛奶金時500日圓 3 據說是沖繩善哉的創始店

（ 西海岸度假區 ）

たなかかじつてん
田中果実店

誕生自夏威夷的綿綿冰：shaved ice的專賣店。看起來份量很大，但削得極細的冰在口中迅速融化，整碗一掃而空。使用當季水果的甜點也很受歡迎。

☎070-5279-7785
MAP 附錄P22D1 ▲恩納村瀬良垣2503 ♞屋嘉IC7km ◷11:00～17:30 ❏週二、週三 ◷16 ♟7輛

（ 那霸市區 ）

せんにち
千日

如粉雪般細緻的冰是本店的特色，全靠2、3天研磨一次機器刀片等細心保養。無怪乎縱貫親子三代都有常客造訪。

☎098-868-5387 MAP 附錄P27A2 ▲那霸市久米1-7-14 ♞沖繩都市單軌電車旭橋站步行12分 ◷11:30～20:00(10～6月為～19:00)❏週一(逢假日則營業，翌日休)◷40 ♟2輛

1 除了金時紅豆外還加了綠豆和大麥片的夢色善哉600日圓，淋上5種糖漿，色彩極度繽紛！ 2 在店頭還有販售沖繩開口笑

1 美麗漸層的三色金時360日圓，糖漿和金時紅豆意外地配 2 炒飯550日圓等正餐餐點也務必一嘗

(那霸市區)

りゅうきゅうかしどころ りゅうぐう
琉球菓子処 琉宮

位於那霸市第一牧志公設市場（→P92）對面，販售琉球蜜豆540日圓和新鮮果汁430日圓。迷你尺寸的沖繩開口笑無論當成伴手禮或邊逛邊吃都很合適。

☎098-862-6400
MAP 附錄P28D3 🏠那霸市松尾2-9-14 🚃沖繩都市單軌電車牧志站步行10分 🕐10:00～18:30 🈺無休 🍴14 🅿無

(美麗海水族館周邊)

ひがししょくどう
ひがし食堂

乍看之下只是極為普通的食堂，但跟其他食堂不同的是刨冰種類比正餐餐點還豐富，從煉乳到五彩繽紛的善哉約有17種。軟綿綿的冰品非吃不可。

☎0980-53-4084
MAP 附錄P11C3 🏠名護市大東2-7-1 🚗許田IC8km 🕐11:00～18:30 🈺無休 🍴30 🅿4輛

1 むるターム550日圓，在口感黏黏的田芋田樂上擺滿麻糬、田芋的冰 2 由於與美軍基地相鄰，也有很多外國客人

1 用削細的冰慢慢疊出來、比外觀更加纖細的白鶴善哉300日圓 2 還有沖繩排骨麵（大）700日圓等麵點

1 善哉250日圓，分開盛得蓬鬆的冰就會露出金時紅豆 2 想和きしもと食堂本店（→P64）一同造訪

(中部)

りかもか かふぇ

richamocha cafe

金武町盛產與芋頭相似的田芋，在這間店可享用到大量使用特產田芋的甜點。其中，在雪花冰上放著田芋田樂等配料的むるターム是這間店再點率No.1的甜點，人氣水漲船高。

☎098-968-5986 MAP附錄P8E2 ▲金武町金武4285 ♥金武IC3km ●14:00~22:00（週六、週日為11:30~）休週三、週四 席20 ▶利用町營停車場

(中部)

こめはちそば

米八そば

和沖繩麵並列招牌菜的，是用削薄的冰模仿生物外觀的善哉。馬兒或貓熊等第2代店主做出的作品完全就是冰中的藝術品！雖然3分鐘左右就會融化，但上桌的瞬間可是充滿強烈的存在感。

☎098-938-3266 MAP附錄P18F2 ▲沖繩市泡瀬5-29-6 ♥沖繩北IC7km ●11:00~17:00 休週四 席34 ▶15輛

(美麗海水族館周邊)

あらかきぜんざいや

新垣ぜんざい屋

50多年來只賣善哉一味的名店，用柴火熬煮超過10小時的金時紅豆柔軟飽滿。夏天往往大排長龍，餐券販賣機上甚至有20人份的選擇！能品嘗善哉美味而且又沒有冷氣的只有在這間店了。

☎0980-47-4731 MAP附錄P25B2 ▲本部町渡久地11-2 ♥許田IC22km ●12:00~18:00（售完打烊）休週一（逢假日則翌日休）席25 ▶有契約停車場

GOURMET GUIDE

維他命色澤的誘惑♪
滿滿南國水果的甜點

沐浴在沖繩豐沛陽光下生長的水果擁有美味能量，讓人一吃就忍不住綻開笑容。
每個日本本島的朋友都驚嘆「味道好濃郁」呢。

COMMENTED BY 高良蘭 EDITOR

1 可以外帶散步時享用
2 還有販售水果 3 熱帶
芒果680日圓

(那霸市區)

ぴた すむーじーず
Vita Smoothies

堅持使用沖繩縣產蔬果的果昔專賣
店。令人開心的是由於點餐後才開始
製作，故能保留原本的新鮮，輕鬆補
充營養。果昔除了平常就有的紅芋和
木瓜等20種之外，還有季節限定菜
單。

☎098-863-3929 [MAP]附錄P28D1
🏠那霸市牧志2-17-17 🚃沖繩都市單軌電
車美榮橋站即到 🕐10:30～19:30
🈺16 🅿無

(西海岸度假區)

りゅうぴん
琉冰 Ryu-Pin

擺上滿滿水果的冰山430日圓～是
這間店的名品，紅到每逢假日總是
大排長龍。其他還有使用寒天的低
卡飲料スップル350日圓～、果昔
450日圓～等吃盡全沖繩的甜點，
請務必一嘗。

☎090-5932-4166 [MAP]附錄P20F1
🏠恩納村仲泊1656-9おんなの站なかゆくい
市場內 🚗石川IC4km 🕐10:00～19:00
🈺無休🪑可坐おんなの站的長椅 🅿150輛

1 冰淇淋總匯480日圓
～ 2 南國風櫃檯就該
這樣，十分可愛

美麗海水族館周邊

あせろーらふれっしゅ
アセローラフレッシュ

位於西印度櫻桃產地：本部町森林中的生產者直營店。果汁和聖代各400日圓，大量使用富含維他命C和多酚的西印度櫻桃，正適合給疲憊的身體補充營養。

☎0980-47-2505 MAP附錄P25C2
🏠本部町並里52-2 🚗許田IC20km ⏰9:00～17:00 休無休 席5 P5輛

1 酸甜滋味令人上癮的西印度櫻桃霜凍500日圓
2 還有販售西印度櫻桃商品

1 可以試吃你好奇的口味 2 火龍果加島香蕉&木瓜加芒樂500日圓

那霸市區

えいちあんどびー じぇらおきなわ まきしてん
H&B ジェラ沖繩 牧志店

新鮮義式冰淇淋專賣店，接到點餐後才開始混合義式冰淇淋和水果，能直接品嘗到苦瓜等食材的口感與新鮮度而大受好評。單球300日圓，雙球與三球都是500日圓。

☎090-8708-9047 MAP附錄P28D3
🏠那霸市松尾2-10-1那霸市第一牧志公設市場2F
🚃沖繩都市單軌電車牧志站步行10分 ⏰10:00～18:00 休第4週日 席有 P無

南部

ばる りがーる
BAR REGALE

餐點種類豐富，包括使用縣產紅芋和黑糖的自製義式冰淇淋等。推薦在果昔上闊氣地擺上果肉的芒果果昔，好想坐在遠眺大海的露天座位上品嘗。

☎無 MAP附錄P4F2
🏠南城市知念久手堅539南城市地域物產館1F
🚗南風原北IC17km ⏰10:00～17:00 休無休
席30 P南城市地域物產館停車場150輛

1 芒果果昔650日圓。放上花朵，南國氣氛也UP♪ 2 還有販售啤酒及葡萄酒

沖繩氣氛高漲♪
在瓦頂老民房裡吃沖繩麵

木造房舍、紅瓦屋頂,上頭安靜地坐著風獅爺……,在這樣的老民房裡吃的沖繩麵別有一番風味。
雖然離大街有點遠,但值得特地跑一趟。

COMMENTED BY 當山和菜 EDITOR

1 五花肉沖繩麵(中)620日圓。附ジューシー(雜炊飯)和花生豆腐的套餐950日圓,非常划算
2 建地內有國家登錄有形文化財的母屋和石牆,可一窺當年的生活

HAVE A NICE TIME

（那霸市區）

しむじょう

**在草木包圍下的食堂裡
享受懷舊的時刻**

走上石階，沿著蓊鬱的草木前進就會看到一棟獨房。這裡是利用屋齡超過60年、悄然佇立在住宅區中的老民房開的店。氣氛不在話下，料理也有一定的好評，使用縣產豬與柴魚調製的綜合高湯十分美味。燉煮3天、豬脂盡除的湯頭，帶著澄淨溫和的滋味。

☎098-884-1933
MAP 附錄P14E2
🏠那霸市首里末吉町2-124-1
🚃沖繩都市單軌電車市立病院前站步行10分
🕚11:00～15:00LO
休週三 席30 Ｐ15輛

1 綠蔭茂密到難以一窺建築物的全貌 2 風獅爺出來迎接，「めんそーれー（歡迎光臨）」 3 夏季限定的冰善哉300日圓和冰淇淋善哉400日圓也很受歡迎 4 榻榻米、矮桌、電風扇，到處都是懷舊且讓人放鬆的空間 5 五花肉甜中帶辣，讓人一口接一口

GOURMET GUIDE

おきなわそばとちゃどころ やぎや
沖縄そばと茶処 屋宜家

屋齡67年的建築物是店主的老家。厚重石門與美麗復古風的紅瓦老民房威風凜凜地佇立著，迎接來訪的客人。推薦的石蓴麵除了配料外，連麵裡也揉入石蓴（海藻），和清爽湯頭十分搭配。

☎098-998-2774 MAP附錄P4D3
🏠八重瀨町大頓1172 🚗南風原南IC5km
🕐11:00～15:45LO 🈺週二（逢假日則營業） 🪑57
🅿20輛

1 庭院裡也有あしゃぎ（離屋） 2 同時也是國家指定的有形文化財 3 飄著海岸香氣的石蓴麵（單點）800日圓 4 半份善哉200日圓，份量適合餐後享用

ちゃどころ まかべちなー
茶処 真壁ちなー

擁有醒目氣派紅瓦頂的老民宅是有歷史的建築，在明治24年（1891）時建來作為辦公處使用。在充滿意趣的緣廊一坐，就能沉浸在懷舊的氣氛中。菜單上除了有沖繩麵之外，定食和甜點也一應俱全。

☎098-997-3207 MAP附錄P5B4
🏠糸滿市真壁223 🚗豐見城・名嘉地IC12km
🕐11:00～16:00LO 🈺週三及每月不定休1次
🪑50 🅿15輛

1 在沖繩麵上放著滿滿配料的皿麵（中）930日圓 2 飽餐一頓後來個芒果布丁310日圓 3 讓人感受到「這就是沖繩！」的氣氛 3 讓人感受到「這就是沖繩！」的氣氛 4 在古老而美好的沖繩空間中放鬆自己

（那霸市區）

そばどころ すーまぬめぇ
そば処 すーまぬめぇ

位於國道507號後方一步的閑靜住宅區，利用屋齡50年以上的老民房作為店鋪。店家引以為傲的麵散發柴魚香氣，味道清爽毫無雜味。澄澈透明的湯頭，述說出店主細心工作的模樣。

☎098-834-7428　MAP附錄P14D4
🏠那霸市国場40-1　🚗那霸機場7km　🕐11:00～16:00
（售完打烊）　休週一　席50　P12輛

1 附餐是以麵高湯煮出來的雜炊飯150日圓 2 放上軟骨和肋排的沖繩排骨麵（大）700日圓 3 庭院裡也備有露天座位 4 洋溢著緩慢的氣氛

（美麗海水族館周邊）

そばどころ ゆめのや
そば処 夢の舎

綠意包圍下悄然佇立的沖繩麵店。使用榕樹木灰上清液、依循古法製作出的麵條，充滿彈牙的口感。海葡萄沖繩排骨麵1200日圓，在放有帶骨五花肉（肋排）的沖繩排骨麵上再蓋上海葡萄，能享用到這樣稍具變化的餐點也是魅力之一。

☎0980-48-4529　MAP附錄P25B2
🏠本部町古島兼増原794-2　🚗許田IC27km
🕐11:00～17:00（售完打烊）　休週一（逢假日則翌日休）
席35　P10輛

1 周圍的樹木遮去日照，夏天也很涼爽 2 彷彿只有這裡的時間靜止了的氛圍 3 海葡萄五花肉麵1000日圓 4 使用店前盛開的紅花種做的朱槿天婦羅1000日圓

GOURMET GUIDE

好想吃一次看看！
沖繩麵名店大集合

獨自發展成熟的沖繩料理代表：沖繩麵，是沖繩人的家鄉味。
放上一片五花肉作配料是基本款，擺放帶骨豬五花肉就變成"沖繩排骨麵"。

COMMENTED BY 高良蘭 EDITOR

1 尖峰時間，店前大排長龍！2 店裡瀰漫一股懷舊氣氛 3 沖繩麵（大）650日圓

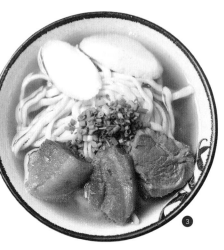

（ 美麗海水族館周邊 ）

きしもとしょくどうほんてん
きしもと食堂本店

在距今超過110年的明治38年（1905）於盛行捕鰹魚的港都創業。完美結合充分發揮鰹魚風味的湯頭和利用木灰上清液自製的麵條，就是他們引以為傲的一碗麵。至今仍然遵守創業以來不變的製法。

☎0980-47-2887 MAP 附錄P25B2
🏠 本部町渡久地5 🚗許田IC22km
🕐11:00～17:30 休週三 座35 🅿7輛

（ 那霸市區 ）

しゅりそば
首里そば

說起剛開門就有人排隊的首里名店就是這裡。花時間手揉的自製手打麵，特色是有「靠咀嚼來品嘗」之稱的獨特口感。風味清爽的湯頭用柴魚第一道高湯和鹽調味，讓人喝到一滴不剩。

☎098-884-0556 MAP 附錄P30E2
🏠 那霸市首里赤田町1-7 🚃沖繩都市單軌電車首里站步行8分 🕐11:30～14:00（售完打烊）休週三 座37 🅿7輛

1 放上五花肉和里肌肉的首里麵（中）500日圓
2 藝廊般閒靜的空間

美麗海水族館周邊

やんばるそば
山原そば

連日大排長龍的人氣店鋪。菜單十分簡單，只有五花肉麵800日圓和沖繩排骨麵2種。為了讓配料和湯頭緊密結合，接到點餐後才開始替排骨或五花肉調味是這間店的風格。

☎0980-47-4552　MAP 附錄P25C3
🏠本部町伊豆味70-1　🚗許田IC16km　🕙11:00～15:00(售完打烊)　休週一、週二　座36　P20輛

1 沖繩排骨麵900日圓 2 利用充滿意趣的老民房作為店鋪經營

1 粉紅色建築物是標誌 2 放上好大一塊甜辣軟骨排的軟骨麵（中）550日圓

那霸市區

かめかめそば
亀かめそば

中碗就相當於其他店大碗的大份量，加上550日圓的高CP值，連本地客人也能接受。以柴魚為基底加上豬骨和蔬菜熬的高湯，口感柔和底蘊深遠，跟細麵也極為搭配。

☎098-869-5253　MAP 附錄P27B2
🏠那霸市若狹1-3-6上江洲アパート1F　🚃沖繩都市單軌電車縣廳前站步行13分　🕙10:30～售完打烊
休週日　座55　P8輛

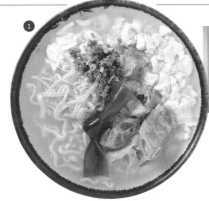

中部

たかえすそば
高江洲そば

沖繩豆腐湯麵在約40年前應顧客要求而誕生，這組合乍看之下不怎麼搭調，但豆腐湯的鹽味和豬骨、柴魚基底的高湯卻驚人地契合，現在已是穩踞店裡的招牌菜。

☎098-878-4201　MAP 附錄P17B3
🏠浦添市伊祖3-36-1　🚗西原IC4km　🕙10:00～19:30(售完打烊)　休週日　座50　P25輛

1 朧豆腐般的沖繩豆腐湯麵（大）650日圓 2 有桌座和吧檯座

GOURMET GUIDE
▶▶▶

這正是美國文化！
便宜又美味的肉就在沖繩

牛排館在戰後為了填飽美國人的胃而發展起來，昭和47年（1972）沖繩返還本島，
便確立為沖繩著名美食。類似正統的牛排我也非常喜歡。

COMMENTED BY 伊東一洋 WRITER

(那霸市區)

じゃっきーすてーきはうす

JACK'S STEAK HOUSE

不分本地客或觀光客
持續支持超過60年的知名牛排館

昭和28年（1953）創業，說起沖繩牛排館會最先被
提到的名店。擁有美軍發行的營業許可證「A
Sign」，到處都還留著當年的氣氛。以合理價格提
供如紐約客牛排（L）1900日圓等高品質牛肉，至今
仍吸引許多顧客上門。

1 最推薦的是菲力牛
排（L）2500日圓，
能盡情享受紅肉的美
味 2 排滿雅座的店
裡朝氣蓬勃 3 隨處
皆是電子看板等令人
印象深刻的看板或裝
飾

☎098-868-2408 MAP附錄P27A3
🏠那霸市西1-7-3 🚃沖繩都市單軌電車旭
橋站步行8分 🕐11:00～翌1:00LO 🈚無休
（1月1日及舊曆7月15日休）🪑78 🅿20輛※
不可預約

SHOP DATA

HAVE A NICE TIME

❶ 牛排伴隨「滋～」的聲音登場，燃起了食慾！

❷ 在店入口有告知客滿情況的燈號，玩心也是成為名店的原因

❸ 沖繩回歸本島前，獲得美軍公認餐飲店的許可證「A Sign」

❹ 另一道著名餐點C午餐，附炸豬排和漢堡排只要500日圓，超級便宜

GOURMET GUIDE

じゃんぼすてーきのみせ ぱぶらうんじ・えめらるど
超大牛排的店
PUB LOUNGE EMERALD

以標準尺寸也有350g為傲的大塊牛排，自昭和
54年（1979）開幕以來一直受到顧客的喜愛。
柔軟得恰到好處的高品質牛排，從腸胃到心靈
都好滿足。

☎098-932-4263　[MAP]附錄P18E2
🏠北中城村島袋311　🚗沖繩南IC2.3km
🕐10:00～22:30LO（週日為11:00～）
💤舊盂蘭盆　🪑100　🅿20輛

1 巨大高級牛排
（450g）3700日
圓，配上以水果溫和
甜味為特色的醬汁 2
嫩煎魚排1650日圓
3 安心放鬆的PUB
LOUNGE

1 和風88牛排（200g）2484日圓，使用特製柑橘醋，風味
清爽 2 洋蔥圈樹864日圓 3 老店的標誌「A Sign」 4 美式
雅座

すてーきはうすはちはち こくさいどおりてん
STEAK HOUSE 88 國際通店

開業逾35年的老牛排館。店裡有高達17種的正
統美式牛排，以及使用石垣牛等縣產和牛的餐
點。同大樓的地下1樓還有STEAK HOUSE 88
國際通店Annex。

☎098-866-3760　[MAP]附錄P28D2
🏠那霸市牧志3-1-6 勉強堂ビル2F　🚋沖繩都市單軌電車牧
志站步行5分　🕐11:00～22:00LO　💤無休　🪑50　🅿有契
約停車場

漢堡也是美式！

說到在沖繩扎根的美式美食，另一個不可不提的就是漢堡。
夾著肉汁滿滿漢堡排的大漢堡，連住在沖繩的外國人也很捧場。

1 美式氛圍 2 入口雖小
但衝擊性超群 3 史帕
基漢堡900日圓

美麗海水族館周邊

きゃぷてん かんがるー
Captain Kangaroo

有親切店員出來迎接的漢堡咖啡廳，
面名護灣，位置絕佳。有許多店家獨
創的能量系漢堡，如ROO'S特製漢
堡700日圓和BBQ漢堡700日圓等。
加200日圓附薯條。

☎0980-54-3698 MAP 附錄P24D4
🏠名護市宇茂佐183
🚗許田IC6.2km
🕚11:00～19:30LO（售完打烊）
休週三 席26 P12輛

中部
えいあんどだぶりゅ まきみなとてん
A&W 牧港店

源自美國的漢堡連鎖店，日本唯有
沖繩有分店。不只漢堡類，還有使
用14種香草的無酒精飲料「麥根沙
士」和炸薯圈等眾多餐點，都和創
始地美國一模一樣。可以在車上點
餐&享用的得來速系統也很便利。

☎098-876-6081 MAP 附錄P17B3
🏠浦添市牧港4-9-1 🚗西原IC2.7km 🕚24
小時 休無休 席180 P100輛

1 麥根沙士（R）220
日圓 2 馬蘇裡拉漢堡
490日圓 3 在得來速點
餐 4 吸引視線的普普
風圖畫

GOURMET GUIDE

用健康島嶼蔬菜餐
將飲食過量的狀態歸零！

在沖繩生長的蔬菜無論外觀或味道都很有特色。
吃下大量島嶼蔬菜的隔天，身體和精神都會很神奇地變得輕盈。

COMMENTED BY 高良蘭 EDITOR

（ 那霸市區 ）

べんぎんしょくどうでり
べんぎん食堂デリ

以石垣島辣油聞名的「ペンギン食堂」，改
成熟食店風格重新出發。巧妙融合沖繩縣產
無農藥蔬菜及有機蔬菜的餐點，在當地評價
也很高。櫃檯旁還有販售人氣麵包店的麵包
和有機調味料，務必參考看看哦。

☎098-868-5313 MAP 附錄P28D2
🏠那霸市牧志2-2-30HAPiNAHA1F 🚃沖繩都市單軌
電車牧志站步行5分 🕚11:00~20:00LO 🈺無休
🪑35 🅿無

1 5種島嶼蔬菜熟食附蓋飯等的企鵝熟食套餐1000日圓
2 2015年3月在HAPiNAHA內開幕 3 以小菜的形式隨興
享受紅鳳菜和苦瓜等當季食材

（ 那霸市區 ）

ぴぱーちきっちん
ピパーチキッチン

店名「ピパーチ（假蓽拔）」是指在八重山
諸島採收的香辛料。店裡提供添加這種有肉
桂般獨特香氣香辛料的料理。盤子上滿滿都
是島嶼蔬菜。

☎098-988-4743 MAP 附錄P27A3
🏠那霸市西2-6-16 🚃沖繩都市單軌電車旭橋站步
行10分 🕚11:00~15:30LO（週六、週日、假日
18:00~21:00LO也有營業）🈺週五 🪑17 🅿5輛

1 店內為使用木頭等建材
的天然構造 2 還有販售
自製假蓽拔500日圓 3 番
茄與焦起司漢堡870日圓
（晚上+100日圓）4 咖
啡廳般的外觀

しまやさいりょうりとおーがにっくわいん うきしまがーでん
島上蔬菜料理和有機葡萄酒
浮島ガーデン

店裡引進採用自然栽培或有機農法的農家種
的蔬菜，製作成料理提供給顧客。以長壽法
為概念做出的餐點以ニライ全餐為首，還能
享用到從4種主菜中任選的カナイ全餐2200
日圓。

☎098-943-2100 **MAP** 附錄P29C3
🏠那霸市松尾2-12-3 🚇沖繩都市單軌電車縣廳前站步
行15分 ⏰11:30～15:00LO、18:00～21:00LO 🈳
無休 🈶30 **P**無(僅晚餐1小時免費)

1 從前菜和主菜各4種中任選的ニライ全餐3500日圓 2
與料理極為搭配的有機葡萄酒756日圓起 3 利用附庭院
的老房子營業，2樓有讓人悠閒放鬆的和式座位

かふぇこくう
Cafe こくう

佇立於今歸仁村的小山丘上，能一面遠眺大
海的開闊風景、一面品嘗擷取和食與長壽法
優點的"輕鬆蔬食"餐點。每天從村裡的契
約農家進貨的無農藥蔬菜，每種滋味很深
刻，即使只有蔬菜也能吃得飽飽的。

☎0980-56-1321 **MAP** 附錄P25C2
🏠今歸仁村諸志2031-138 🚗許田IC20km
⏰11:30～18:00(餐點為16:00LO) 🈳週日、週一
🈶35 **P**30輛

1 藍天映襯下的紅瓦屋頂
好美 2 能品嘗到10種以
上島嶼蔬菜的こくう拼盤
1200日圓 3 可遠眺至海
岸邊的爽快視野 4 鳳梨
酪梨生蛋糕550日圓

將旅行One Scene融入生活
UNIQUE MENU

　　定食屋對沖繩人而言是非常親切的地方，說是家庭的味道也不為過。在地方上扎根、長年來受到當地人喜愛的定食屋充滿了在地感，最適合用來接觸沖繩真正的飲食文化。

　　接下來進了食堂後，第一個希望你看的是牆壁上排成一列的眾多菜單。當你看著菜單

想像「是不是一直回應常客要求的結果呢？」的時候，肯定能在裡面找到你從未吃過，好像只有在沖繩、在這間店裡才能瞭解的當地食物。

味噌湯定食

說到味噌湯總給人附餐的印象，但在沖繩有時也會成為主食哦！在「あやぐ食堂」味噌湯會裝在比飯碗還大的碗公裡。湯料之多也是沖繩定食屋的特色之一。

（ 那霸市區 ）

あやぐしょくどう
あやぐ食堂

這間定食屋由表示「希望大家可以好好品嘗手作沖繩料理滋味」的女性店主經營。定食的種類約有80種！本篇介紹的味噌湯定食為570日圓。

☎098-885-6585
MAP 附錄P14E2 ▲那霸市首里久場川町2-128-1 ❗️沖繩都市單軌電車首里站即到 🕘9:00～21.00 休週三 席40 P10輛

沙拉
高麗菜&通心粉沙拉和一個荷包蛋。美乃滋和番茄醬混合而成的番茄奶醬在沖繩可是標準醬料。

生魚片
あやぐ食堂也有很多附生魚片的定食，特別受到男性客人的好評，和味道濃郁厚實的味噌湯非常搭。

味噌湯
放了6種以上的湯料，有滿滿的蔬菜。在沖繩方言裡就是あじくーたー（味道濃郁厚實）的一道料理。

C午餐

以炸物為中心的定食，雖然叫午餐，但沖繩的作風就是一整天都可以點。按照C午餐、B午餐、A午餐的順序，內容逐漸升級。

湯
牛排館或營養午餐裡會出現的奶油濃湯，是沖繩特有的懷舊滋味，也有客人是衝著湯上門。

沙拉
高麗菜與通心粉沙拉。在沖繩會淋上以著名美乃滋製造商「EGGO」為基底的特製醬料。

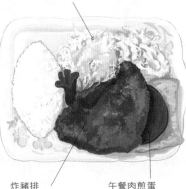

炸豬排
飄著大蒜香的炸豬排跟巴掌差不多大。扁平大片的炸豬排其實是沖繩特有的料理之一。

午餐肉煎蛋
C午餐附午餐肉是這間店的特色，其他店通常附在高一級的B午餐或A午餐。

（ 那覇 ）

やんばるしょくどう
やんばる食堂

40年來持續餵飽當地客人的肚子。除了週二、週三之外竟然都是24小時營業，相當方便這點也很讓人開心。本篇介紹的C午餐為650日圓。

☎098-854-3781
MAP附錄P14D4 ▲那覇市長田2-5-24 1F ✈那覇IC3.6km ◐24小時營業（週二～23:00、週三9:00～）⊗無休 ◍52 ◗15輛

（ 那覇市區 ）

じゅん
純

以價格合理的定食和沖繩善哉聞名。由於位在高中前，學生很多，價格也十分佛心。店內採自助式。本篇介紹的強棒飯450日圓。

☎098-886-6060
MAP附錄P31A1 ▲那覇市首里山川町1-48 ✈沖繩都市單軌電車首里站步行15分 ◐11:00～售完打烊（週日為～14:30）⊗不定休 ◍70 ◗無

強棒

要注意這跟長崎名產強棒麵是完全不同的東西，在沖繩是指把炒蔬菜蓋在飯上的料理。

午餐肉、雞蛋等的炒菜
配料的種類和調味因店而各有不同，當地客人也有各自偏好的店家。

白飯
雖然被大量的配料埋住幾乎看不到，但底下其實藏著白飯。

将旅行One Scene❤融入生活

GOURMET GUIDE

想推薦給再訪的旅客
當地人去的時髦晚餐

當地人其實也喜歡現在流行的時髦酒吧和披薩店。
特別是在那霸，配著美味料理喝下一杯杯葡萄酒的店越來越多。

COMMENTED BY 當山和菜 WRITER

（ 那霸市區 ）

ばかーる おきなわ

BACAR OKINAWA

以在發源地學來的披薩和前菜
俘虜了當地人的心

曾在東京名店磨練技巧的老闆開的披薩店。
麵皮發酵時甚至會注意配合當天的天氣，用
特製烤窯烤出來的專家級披薩立刻在當地人
間大受歡迎。善用沖繩食材的前菜也是不容
錯過的高品質。

☎098-863-5678
📍附錄P29B2 🏠那霸市久茂地
3-16-15 🚃沖繩都市單軌電車縣
廳前站步行5分 🕙18:00～
23:00LO 🏖無休 🪑35 🅿無

SHOP DATA

1 新鮮莫札瑞拉起司融化在軟韌麵
皮上的瑪格麗特披薩1620日圓，3
種自製縣產綜合火腿1600日圓
（左後）2 高雅的店內 3 認真面
對披薩的老闆仲村先生 4 特別訂
製的烤窯守護著這間店

1 刺激食慾的鐵板燒 2 本
部牛製成的柔嫩烤牛排
1620日圓和香蒜帶頭蝦
（附法國麵包）659日圓
（照片後方）

（那霸市區）

てっぱん×ばる×すみやき すたんど

鉄板× BAR ×炭燒 Stand

有許多人為了開放式廚房在眼前完成一道
又一道料理的臨場感、以及本部牛和季節
限定料理等這間店才有的餐點而來，店裡
十分熱鬧。

☎098-927-5957　MAP 附錄P29B2
🏠那霸市久茂地3-13-1 2F　🚋沖繩都市單軌電車
縣廳前站步行5分　🕐19:00～翌0:00LO（週五、週
六為～翌1:00LO）　🈺週日(週一逢假日則營業，週
一休)　📮40　🅿無

（那霸市區）

ちぇんとろ

CENTRO

店裡擁有多種適合配飯和下酒的食物，例
如炙烤料理等。其中用壓力式炸鍋炸出來
的CFC（CENTRO炸雞／2P）432日圓，
充份發揮蒜香的辣味非常受歡迎。

☎098-943-1345　MAP 附錄27B3
🏠那霸市泉崎1-5-13　🚋沖繩都市單軌電車旭橋
站步行8分　🕐18:00～24:00LO　🈺週日(週一逢假
日則營業)　📮40　🅿無

1 梭子蟹番茄醬義大利麵1296
日圓和CFC&涼拌捲心菜540日
圓 2 擁有80種以上的酒

1 還有立飲席 2 包含豬腳陶罐派
的肉食拼盤（中）1200日圓
（前方），烤內臟1盤5串600日
圓

（那霸市區）

あらこや

新小屋

這間店3年前開幕在深奧酒店聚集的榮
町。由於「想讓人更加享受豬的內臟」的
想法，而準備了使用新鮮豬下水製成的串
燒。另外還備有多種肉食，讓愛吃肉的人
怎麼忍得住。

☎098-882-3034　MAP 附錄P26F2
🏠那霸市安里388-10　🚋沖繩都市單軌電車安里站
步行3分　🕐18:00～24:00餐點LO　🈺無休　📮32
🅿無

GOURMET GUIDE

因為ORION啤酒與泡盛，
沖繩的夜晚滿分100分！

自先用ORION啤酒乾杯！這是沖繩居酒屋的固定喝法。
如果連適合當下酒菜的沖繩料理也到齊就十全十美了。啊～突然好想喝酒哦！

COMMENTED BY **高良蘭** EDITOR

(那霸市區)

きょうどりょうりあわもり ゆうなんぎい
鄉土料理泡盛 ゆうなんぎい

排隊也想吃到
媽媽們的樸素口味

從美軍統治時期的昭和45年（1970）至今只由女性
操持的沖繩料理店。從五花肉到沖繩炒苦瓜，抱持
著煮給家人吃的心情做出來的料理，每一道都是樸
素而美味的 "媽媽的味道"。難怪連著幾天都有人
排隊追求充滿愛的料理。

1 從前方順時針是燉
排骨750日圓、醋拌
苦瓜500日圓、味噌
煮絲瓜650日圓 2 也
有工作20年以上的
資深媽媽 3 店內氣
氛懷舊

☎098-867-3765 [MAP] 附錄P29B2
🏠那霸市久茂地3-3-3 🚇沖繩都市單軌電
車縣廳前站步行5分 🕐12:00~15:00LO、
17:30~22:30LO 🈺週日、假日 🈵40 🅿
無

SHOP DATA

(中部)

はんばまる
飯場まる

秘密基地般的小飯館，擁有許多本地客人取的暱稱。巧妙使用沖繩縣產食材做出和洋兼具的正統料理，用筷子即可輕鬆享用的隨興感連女孩子也會很開心。從前菜和小碗料理等豐富的餐點中可一窺慎重採用四季食材的堅持。

☎098-878-7040 [MAP]附錄P17B4
🏠浦添市伊祖1-5-10 🚗西原IC4km ⏰17:00～23:30LO 休無休 座83 P20輛

1 飯場手捲彩虹卷1382日圓（前方），使用當日進貨的4～5種鮮魚。黑胡椒烤羔羊肉佐義大利陳年葡萄醋醬799日圓也很推薦 2 店內全部都是下嵌式座位 3 使用工廠遺跡營業的獨特店外觀

(那霸市區)

からからとちぶぐゎー
カラカラとちぶぐぉー

對泡盛有強烈的堅持，不只擁有縣內全部釀酒所的泡盛，就連20年以上的罕見老酒也有。1杯300日圓起可輕鬆享用，還有持有泡盛大師資格的老闆和店員提供選擇的建議。好想和搭配泡盛的料理一起仔細品嘗。

☎098-861-1194 [MAP]附錄P29B2
🏠那霸市久茂地3-15-15 🚗沖繩都市單軌電車縣廳前站步行5分 ⏰18:00～23:00LO 休週日 座28 P無

1 墨魚汁炒素麵700日圓
2 依地區排列的充滿個性的標籤，看著就讓人開心
3 從甕中倒出來的陳年老酒也務必一嘗 4 店名是方言中「酒器」和「酒杯」的意思

GOURMET GUIDE

美麗海水族館周邊

やんばるだいにんぐ まつのこみんか
やんばるダイニング 松の古民家

使用屋齡60年以上的老民房。在這裡可以涮涮鍋等料理方式品嘗名護市產稀有黑琉豬agu。有海葡萄、鹽漬豬五花等的沖繩滿喫5道拼盤1200日圓（照片前方），與啤酒或泡盛再搭不過了！

☎0980-43-0900 MAP附錄P24D4
🏠名護市大南2-14-5 🚗許田IC7km 🕐18:00～24:00 🈺週四 🪑32 🅿12輛

1 黑琉豬agu稀有種涮涮鍋套餐1人份3500日圓（2人以上起餐） 2 充滿情調的沖繩老民房。

1 如今仍然殘留著創業當時的風貌 2 炸得酥脆的酥炸鳥尾冬1080日圓，從頭豪邁地大咬一口吧！

那霸市區

くーすとりゅうきゅうりょうり うりずん
古酒和琉球料理 うりずん

創業於昭和47年（1972）。全部釀酒所的泡盛，加上以沖繩炒苦瓜648日圓為首的沖繩料理應有盡有，正是最正統的沖繩居酒屋。使用田芋做的炸豬肉田芋泥餅648日圓即源於這間店。

☎098-885-2178 MAP附錄P26F2
🏠那霸市安里388-5 🚝沖繩都市單軌電車安里站即到 🕐17:30～23:00LO 🈺無休 🪑110 🅿無

中部

こしゅとおきなわきせつりょうり さかえりょうりてん
古酒和沖繩季節料理 榮料理店

從當季海鮮到島蔬菜，店主親至縣內各地嚴選素材。提供以沖繩傳統料理為基礎的創意餐點，「希望大家能從各種料理中享受當地的食材」。也有白苦瓜等稀有蔬菜登場哦。

☎098-964-7733 MAP附錄P9C2
🏠うるま市石川1-27-35 🚗石川IC1km
🕐17:00～23:30LO 🈺週二，每月不定休1次
🪑70 🅿30輛

1 紅芋包韭菜炸饅頭520日圓，海葡萄炒素麵810日圓 2 從度假區過去也十分方便

引人注目作家們的 "手工藝品"
讓生活更加多采多姿

生活與 "手工藝品" 的距離之近也是沖繩的魅力之一。
作家們親手細心製作出來的日常用品，替餐桌渲染溫暖的色彩，展現愉悅的用餐時間。

COMMENTED BY　草野裕樹　WRITER

おおやぶみよ小姐的玻璃杯觸感良好，連普通的水似乎都比平常更好喝

引人注目作家們的手工藝品

帶著飽滿光澤的玻璃器皿
迅速融入日常生活中

1 《圓口小缽》。在眾多的透明色中，這些作品融入藍色，給人涼爽的印象 2 替空間帶來溫暖與柔和感的燈罩。有球形、傘形等數種設計，外觀上些許的不同也是迷人之處 3 （右上）外型可愛的《spica鳥水壺》5940日圓 4 不太過分突出的設計和陶、瓷器的碟子很好搭配。前方是《金蔥彩帶葉碟》4104日圓 5 （中）《金蔥彩帶葡萄酒杯》6480日圓

玻璃作家おおやぶみよ小姐做的器皿曲線柔和，雖然是硬質玻璃，但比起沉重或堅硬，更給人想用雙手輕輕包圍住的飄浮感。還具有彷彿望著透明水面的潤澤感，不用選擇放置的場所或料理就能迅速融入生活中的自然外觀是它的迷人之處。除了玻璃或深缽等餐具，還有燈罩或吊飾等享受空間搭配的作品。注重永不退流行的手藝，讓人想長久地愛用下去。

6 永遠在身邊。讓人想放在桌上的可愛花形紙鎮3240日圓 7 迷醉在深海般的美麗藍色裡，《棗形茶罐》11340日圓 8 好想蒐集藍色、綠色等不同顏色，《かたまり花瓶》3240日圓

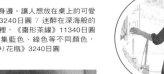

日月 hizuki
ひづき

☎098-958-1334
🅼 附錄P21B2 🏠 讀谷村渡慶次273 🚗 沖繩南IC18km ⏰10:00～17:00 休週日 🅿1輛

藝廊位於一片甘蔗田的閑靜環境中

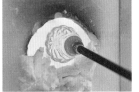

爐的溫度約1300度。所有製程都一手包辦

ARTIST

おおやぶみよ 小姐

京都府出身，在大阪等地學習玻璃製作後移居沖繩。2003年在讀谷村設立工作坊兼藝廊。在充滿大自然的環境中致力於作品製作。

餐桌變成藝術家的工作室！
器皿激發想像力

不喜歡照本宣科的小泊良先生改變作法、改變視角創造出新形態的器皿，具有優越的設計性，刺激用它來盛裝料理的人們的好奇心。將料理盛入展現各種表情的器皿時，就像跟作家共同完成一件作品一樣有趣，每天的餐桌也搖身一變成藝術家的工作室。

小泊先生說：「思考製作方法就是樂趣」。如果燒製2次還不能滿意，那就修正後再燒製第3次，不惜時間和精力、且最重要的是製作者樂在其中下誕生的器皿，不只獨特還充滿了生命力。

本書刊載SHOP

陶・よかりよ …… P85

ARTIST
こどまりりょう
小泊良先生

靜岡縣出身。從沖繩縣立藝術大學畢業後，在今歸仁村設製窯場。活動以在東京和愛知等地舉辦個展為主。設計獨到的器皿在全國各地都有愛好者

1 華麗到讓桌面彷彿變成了畫布，做過一次的作品絕不做第二次 2 彷彿描繪夜晚大海的碟子8640日圓，小泊先生說：「希望大家用各自的方式解讀」 3 大膽留下手的痕跡，讓作品帶有人的溫度 4 千葉個展上發表的茶罐，浮出表面的龜裂也是設計之一 5 彷彿把陶藝和雕刻的樂趣集於一身的碗4320日圓

①

森、海、花、風
映出自然的纖細器皿

② ③

ARTIST
たがはしあけみ
多賀橋明美 小姐
工房いろは

大阪府出身。在讀谷村的常秀工房學陶瓷，2008年在讀谷村瀨名波開設「工房いろは」。曾經寄宿在泥釉陶名家Clive Bowen先生處。

① 觸感如木材的杯子2700日圓，上頭有鳥兒在飛舞。可當湯杯使用的附把手杯子2916日圓，有珊瑚般的美麗花紋 ② 鳥形筷架，使用多種釉藥製成色彩繽紛的一件作品 ③ 如裝飾房間的三角旗般可愛圖案的盤子，鳥兒跟小房子等小東西也很可愛 ④ 仿橡實的蓋杯 ⑤ 帶有民族風的茶壺7020日圓

多賀橋明美小姐在器皿表面畫上鳥兒和花朵，或是模仿種子和水果，展現與沖繩傳統工藝不同的世界觀。色調柔和的器皿擁有讓人想用雙手小心使用的纖細，以及彷彿在呼吸一般的溫度。題材和用色很現代，但在刻出的細線上填入釉藥畫出花樣這樣細膩的製程，是在島袋常秀的工作坊學來的傳統技藝。在沖繩繼承的技術和年輕感性兩者的融合，創造出全新的風貌。

來去購買好眼光
店主特選的絕佳器皿

沖繩的工藝品每天都有新作品誕生。如果想尋求最新的作品，
最好是去有好眼光店主的商店，也有僅在這裡販售商品的作家哦。

COMMENTED BY 草野裕樹 WRITER

方盤 11cm
1836日圓／安里貴美枝

可以掛在牆壁上或是裝飾房間
的碟子，優雅的唐草紋令人印
象深刻

正方皿
1300日圓／茜陶房

彩色碟子將女陶藝家雙人組
合：茜陶房的餐桌點綴得五彩
繽紛。將不同顏色集合在一
起，桌子便宛如花田

杯子
3800日圓
國吉真由美

設計非常獨特，宛如城牆或遺
跡般的杯子。以家為主題的擺
飾評價也很高

酒壺
4000日圓／宇土秀星

愛酒作家做出的酒壺外觀別具
風情。清爽的花紋洋溢著清涼
感，很適合搭配泡盛

杯子
3024日圓
小野田郁子

使用泡盛瓶及窗玻璃等再生玻
璃製作。深海般的深藍色非常
漂亮，擺在餐桌上彷彿會讓人
聯想到沖繩

7 寸皿
3672日圓／仲里香織

善用在繼承傳統技藝的北窯學
來的技巧，並以女性特有的觀
點畫出柔和的圖案

酒壺
5184日圓／金城綾子

備受期待的年輕女陶藝家親手
做的酒器，擁有強烈的存在
感，古董般的觸感也是迷人之
處

皿
3996日圓／エドメ陶房

白與藍的對比強烈，強而有力
的彩繪令人印象深刻。工作坊
位於今歸仁村

ぎゃらりーしょっぷ くふう
gallery shop kufuu

手工藝品特產直銷商店，商品範圍廣泛，從老
手的技藝到創意十足年輕人的作品都一網打
盡。美術館般簡潔的展示值得注目。

☎098-890-4095
MAP 附錄P17C2　🏠宜野灣市大山
2-22-18　🚗西原IC5km
🕐10:00～18:00　🈺週三、週四
🅿2輛

那霸市區

みやぎや ぶるーすぽっと
miyagiya-bluespot

以繼承傳統的年輕作家為中心，提倡陶器與流
行融合的生活型態。

☎098-869-1426
MAP 附錄P29C3　🏠那霸市松尾
2-12-22　沖繩都市單軌電車牧
志站步行11分　🕐11:00～20:00
🈺不定休　🅿無

鉢
5400日圓／藤本健
使用細葉榕等沖繩新鮮木頭製作器皿和餐具。將木紋之美發揮在設計上的器皿觸感也很柔和

杯子
3780日圓
金城有美子
擅長使用令人聯想起沖繩繽紛色彩的女性作家的作品，一用就讓人心情開朗了起來

皿
12960日圓
中田篤
充滿熱情的作品，在陶土素材表面上漆，給予器皿獨特的表情。無論是配色或花紋都充滿魅力

鉢
4320日圓／赤嶺學
輕輕塗一層如蛋糕奶油般雪白釉藥的瓷器，光滑的觸感摸起來非常舒服

小花瓶
1620日圓／茜陶房
許多作品都是不挑空間的單純設計，適合秋冬的沉靜配色展現出大人的世界

皿
3510日圓
木村容二郎
前途無量的年輕作家，受到店主的期待。宛如把蛋殼切一片下來的形狀非常逗趣

花器
5940日圓／岩田智子
光看質地會以為是金屬，實際上是陶瓷花器，讓空間頓時酷了起來

皿
6210日圓／增田良平
以剪貼畫般把切割下來的畫貼在陶土上的新穎技法製作

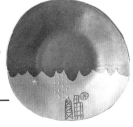

那霸市區

がーぶ どみんご
GARB DOMINGO
提倡不被 "傳統" 這個框架束縛、配合現代生活空間的沖繩工藝品。在2樓藝廊也會舉辦以沖繩作家為中心的個展。

☎098-988-0244
MAP 附錄P28D4 ▲那霸市壺屋1-6-3 ♥沖繩都市單軌電車牧志站步行10分 ◐9：30～13：00、15：00～19：00 休週三、週四 ₽無

那霸市區

とう よかりよ
陶・よかりよ
以致力於創造 "愉快的餐桌"、擁有獨到作風或點子的作家為中心經營。傳達使用器皿的各種樂趣。

☎098-867-6576
MAP 附錄P28D4 ▲那霸市壺屋1-4-4 ♥沖繩都市單軌電車牧志站步行11分 ◐10：00～19：00（僅週日、假日12：00～） 休週三 ₽無

造訪工作坊兼藝廊
與感興趣的當地作家見面

最大的魅力莫過於和作家面對面交流。
造訪物品誕生的地方、傾聽作家的話語之後，對器皿也湧現更多迷戀。

COMMENTED BY 草野裕樹 WRITER

南部

うつわ ぼのほ

utsuwa ボノホ

宛如捧著繪本般充滿感性的器皿

在沖繩縣立藝術大學裡主修雕刻的佐藤尚理先生，在數年前走上陶藝之路。以前擅長製作擺飾的感性投注在器皿上，接二連三創作出突破固有常識的藝術性作品。每個器皿彷彿都有各自故事的世界觀是魅力之處。

1 代表花紋點點是以填入釉藥的方式表現 2 充滿手作風味的藝廊 3 畫上符號的繪皿，從上看下去就跟地圖一樣 4 作家佐藤先生說：「開窯時是最開心的瞬間」 5 庭院裡的植物也用佐藤先生的器皿當作花盆

☎098-947-6441　MAP附錄P4E2
📍南城市佐敷手巾根65　■南風原北IC9km
🕐12:00～17:00　休僅週三、週六營業
🅿4輛

(西海岸度假區)

つねひでこうぼう あんど ぎゃらりー うつわや

常秀工房&ギャラリー うつわ家

工作坊兼藝廊，由在沖繩縣立藝術大學任職教
授的島袋常秀先生主辦。繼承傳統花樣卻又柔
和的彩繪很貼近如今的日常生活，擁有許多女
性愛好者。藝廊裡擺著碗、碟子、醬油壺、茶
壺等各式各樣的作品，赤繪和打點等設計也很
多樣。

☎090-1179-8260
附錄P21C3 ▲読谷村座喜味
2748 ‼沖繩南IC13km ◐9:00
～18:00（週日為10:00～）休不定
休 ₱5輛

1 受到女性喜愛的咖啡歐蕾碗2160
日圓 2 菊唐草のチューカー（茶
壺）8640日圓 3 雅致的紅瓦頂藝
廊 4 老闆島袋常秀先生 5 前方的
作品使用沖繩自古傳下來的赤繪技
法，在大日子時也能使用的華麗器
皿

(南部)

みやぎとうき

宮城陶器

宮城正幸先生的藝廊，他曾於在讀谷村設窯的
壹岐幸二先生身邊修業10年。白底藍釉對比
強烈的美麗設計令人印象深刻。像蓋印章般用
竹子斷面按上釉藥畫出的花紋十分新奇。重量
輕，也易於女性使用。

☎098-955-3733
附錄P4E2 ▲南城市佐敷屋比
久328 ‼南風原北9km
◐10:00～17:00（需事先聯絡）
休不定休（需確認）₱2輛

1 陳列和洋食也很搭的碟子 2 波斯
藍釉杯1620日圓 3 切面平底杯
2592日圓 4 沖繩出身的宮城先
生，前途看好的年輕陶藝家 5 將
夫人的祖母住過的老民房活用為藝
廊，從窗口可看見甘蔗田，十分療
癒

西海岸度假區

いんでぃご
Indigo

即使是舊材料和老工具，只要換個角度來看就能搖身一變成為室內的裝飾。每件作品都在教導我們愛惜物品的心。傢俱和燈具巧妙活用廢料重生為嶄新模樣，在經年累月的變化中也越來越有韻味，很容易融入日常生活中。

☎098-894-3383
MAP附錄P21B4　🏠読谷村楚辺1119-3　🚗沖繩南IC 11km　🕚11：00～16：00（週六 為～17：00）　休週日～週二　🅿4輛

1 舊毛玻璃再利用製成的相框2800日圓 2 和古董傢俱十分相襯的舊料燈罩14800日圓 3 設計單純的傢俱洋溢著昭和風味，下訂後販售 4 打開門是一片懷舊的世界 5 在出身地開店的比嘉亮（ひがりょう）先生

西海岸度假區

こうぼう こきゅ
工房 コキュ

陶藝作家：芝原雪子小姐的工作坊。謹守在北窯修業時培養的沖繩傳統技術，同時也在器皿上展現自我。提高燒製時的溫度讓作品帶有焦痕等下足工夫的作品，既陽剛又帶著如繩文陶器般的強悍感，卻個頭嬌小而易於使用。

☎098-958-4170
MAP附錄P21B2　🏠読谷村渡慶次1114-1　🚗沖繩南IC 18km　🕚10：00～18：00（需事先聯絡）　休不定休　🅿1輛

1 立著可愛煙図的工作坊 2 芝原小姐說：「我想謹守大師的教誨」 3 碗蓋各3240日圓 4 一點一點改變技法或釉藥做出來的筷架，小324日圓，大540日圓 5 雙色系杯子2160日圓 6 設計如繩文陶器般深奧的小花瓶2160日圓

當地作家的工作坊兼藝廊

中部

とうぼうつちびと
陶房土火人

強悍中帶著溫柔的感覺，享受陶土味道的器皿

曾在沖繩名匠： 大嶺實清先生身邊修業的山田義力先
生， 在製土上不遺餘力。 他認為：「只有沖繩的土
才做得出性感」， 專注於當地土壤反覆進行研究。
不用化妝土覆蓋表面、 只靠土的表情一決勝負的器
皿， 擁有原始的強悍。

☎098-972-6990 MAP 附錄P9C3
🏠うるま市川崎151 🚗沖繩北IC4km 🕐10:00〜17:00左右(需事
先聯絡) 🈺不定休 🅿2輛

1 橄欖色釉藥大缽12000
日圓 2 橄欖色釉藥小碗
3800日圓 3山田義力先
生說：「想展現陶土的味
道」 4 中缽 （前方開始
是 眉月紋、 網紋） 各
3600日圓 5 使用早年以
來的腳踢式轆轤，靠身體
的力量轉動 6 仿石獅子
的擺飾豆獅子 （一對）
1200日圓

好想當旅行紀念品
帶回家的手工飾品

從繼承傳統的黃金工藝到色彩繽紛的時髦作品，誕生自沖繩的首飾總是充滿個性。
找個喜歡的當成旅行的紀念品吧。

COMMENTED BY 草野裕樹 EDITOR

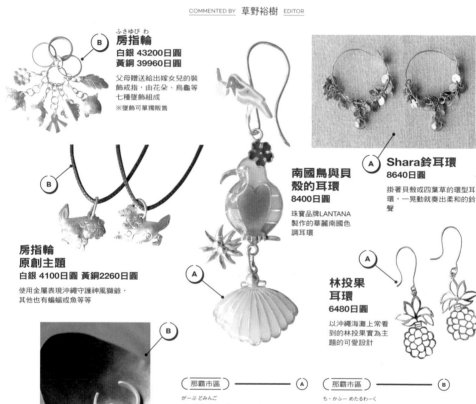

房指輪（ふさゆびわ）
白銀 43200日圓
黃銅 39960日圓

父母贈送給出嫁女兒的裝飾戒指，由花朵、鳥龜等七種墜飾組成
※墜飾可單獨販售

**房指輪
原創主題**
白銀 4100日圓 黃銅2260日圓

使用金屬表現沖繩守護神風獅爺，其他也有蝙蝠或魚等等

趾環
白銀 1個 3240日圓起

善用素材質感的單純設計，除過鏽的觸感也很迷人

南國鳥與貝殼的耳環
8400日圓

珠寶品牌LANTANA製作的華麗南國色調耳環

Shara鈴耳環
8640日圓

掛著貝殼或四葉草的環型耳環，一晃動就奏出柔和的鈴聲

**林投果
耳環**
6480日圓

以沖繩海灘上常看到的林投果實為主題的可愛設計

那霸市區 ——— A

がーぶ どみんご
GARB DOMINGO

特選設計力強的作品，以陶、玻璃及漆器等為主，既是沖繩的工藝品，也能替生活空間帶來色彩。

☎098-988-0244 MAP附錄P28D4
🏠那霸市壺屋1-6-3 🚃沖繩都市單軌電車牧志站步行10分 🕐9:00～13:00、15:00～19:00 休週三、週四 P無

那霸市區 ——— B

ち・かふー めたるわーく
ci.cafu metal work

以黃金工藝作家身份活躍的喜舍場智子小姐設立的工作坊。把沖繩的傳統黃金工藝製成日常也能使用的首飾。

☎098-886-8093 MAP附錄P14E2
🏠那霸市首里儀保町3-9 🚃沖繩都市單軌電車儀保站步行3分 🕐11:00～19:00 休週一～週五 P1輛

手工飾品

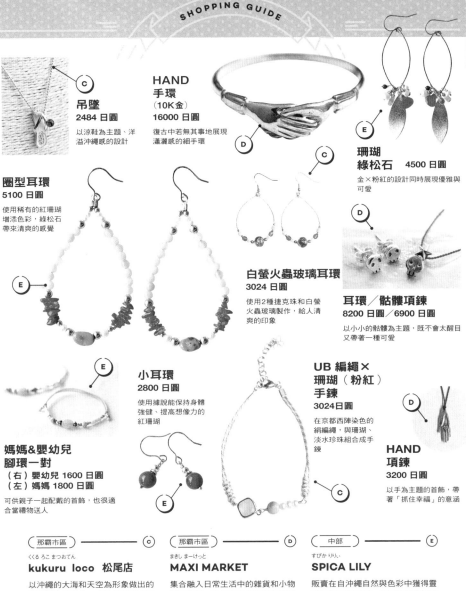

C
吊墜
2484 日圓

以涼鞋為主題、洋溢沖繩感的設計

HAND
手環
（10K金）
16000 日圓

復古中若無其事地展現瀟灑感的細手環

D

E

珊瑚
綠松石 4500 日圓

金×粉紅的設計同時展現優雅與可愛

C

圈型耳環
5100 日圓

使用稀有的紅珊瑚增添色彩，綠松石帶來清爽的感覺

D

白螢火蟲玻璃耳環
3024 日圓

使用2種捷克珠和白螢火蟲玻璃製作，給人清爽的印象

耳環／骷髏項鍊
8200 日圓／6900 日圓

以小小的骷髏為主題，既不會太醒目又帶著一種可愛

E

E

小耳環
2800 日圓

使用據說能保持身體強健、提高想像力的紅珊瑚

UB 編繩×
珊瑚（粉紅）
手鍊
3024日圓

在京都西陣染色的絹編繩，與珊瑚、淡水珍珠組合成手鍊

D

媽媽&嬰幼兒
腳環一對
（右）嬰幼兒 1600 日圓
（左）媽媽 1800 日圓

可供親子一起配戴的首飾，也很適合當禮物送人

C

HAND
項鍊
3200 日圓

以手為主題的首飾，帶著「抓住幸福」的意涵

那霸市區 ────── C

くくる ろこ まつおてん
kukuru loco 松尾店

以沖繩的大海和天空為形象做出的螢火蟲玻璃作品、或是使用天然石和珊瑚的商品，集合了多彩多姿的陣容。

☎098-988-8554 MAP 附錄P29B2
🏠那霸市松尾1-3-11 🚃沖繩都市單軌電車縣廳前站步行10分 ⏰11:00～21:00 🈺無休 🅿無

那霸市區 ────── D

まきし まーけっと
MAXI MARKET

集合融入日常生活中的雜貨和小物的選貨店。除了本地作家製作的陶器外，原創首飾也大受歡迎。

☎098-863-3534 MAP 附錄P28F2
🏠那霸市牧志3-15-51 🚃沖繩都市單軌電車牧志站即到 ⏰12:00～20:00 🈺不定休 🅿無

中部 ────── E

すぴかりりい
SPICA LILY

販賣在自沖繩自然與色彩中獲得靈感創作出的首飾，使用紅珊瑚等沖繩特有的素材。

☎098-988-1431 MAP 附錄P17C3
🏠宜野灣市真榮原3-10-15 🚗西原IC1.5km ⏰12:00～19:00 🈺週三 🅿1輛

善待貓咪的街就是好街。
漫步在牧志的大型商店街 "まちぐゎー" 。

住著貓咪的街道總是有種悠哉感，居民也都很和善。沖繩有好幾條貓咪街，但在那霸的 "まちぐゎー（市場）" 還可以瞭解沖繩真正的食物，推薦去那裡觀光。

COMMENTED BY **伊東一洋** "沖繩貓咪村" 營運管理員

1 市場內的店鋪櫛比鱗次，肩併肩排排站的魚板店十分俏皮 2 販售毛巾等商品的嘉數商會的貓咪店長「小咪」 3 一大排珍奇商品，逛逛也很愉快

> 是這樣的地方

(那霸市區)

なはしだいいちまきしこうせついちば
那霸市第一牧志公設市場

食用肉、鮮魚等各式各樣食材聚集的市場，有超過60年的歷史。既是那霸市民的廚房，對觀光客而言又是通曉沖繩飲食文化的主題公園般的地方。2樓有許多餐廳，從沖繩傳統料理到甜點都可享用到。

☎098-867-6560　MAP 附錄P28D3
🏠那霸市松尾2-10-1　🚃沖繩都市單軌電車牧志站步行10分　🕗8:00～23:00　🈔第4週日
🅿無　※營業時間、公休日會因店而異

朝氣蓬勃……！

前方是醃漬苦瓜！！

1 好多五顏六色的魚。可以把1樓買的食材帶到2樓餐廳請他們料理 2 60年來受到顧客喜愛的老店，販售冰檸檬汁和咖啡2種飲料 3 還有許多當地伴手禮絕對討喜的罐頭 4 布娃娃和休息中的貓咪店長前面是免費贈送的地圖 5 市場有13個入口

──好想去附近的 "貓咪街" 走走──

櫻坂
さくらざか

與 まちぐゎ一相鄰，曾經是花街柳巷，當時的風貌還有些許殘留在巷弄與建築物上，如今散布著獨特的餐廳和商店。路旁擺著貓咪吃飯和喝水用的碗，充份感受到當地人對貓咪的愛，令人內心柔軟起來。

☎無
MAP 附錄P28E3
🏠那霸市牧志
🚃沖繩都市單軌電車牧志站步行8分
Ｐ無

1 白天就躲在某個陰影處 2 手寫看板令人感到暖洋洋地 3 櫻坂的主要街道：櫻坂劇場前，這裡也有三三兩兩的貓咪

駐車禁止

將旅行One Scene融入生活
LOCAL FOOD

　　沖繩有非常獨特的習慣和文化在此扎根，食物也是其中之一，例如沖繩麵、沖繩炒苦瓜及島蕗蕎等，種類許許多多！待在沖繩時，應該至少在食堂或居酒屋有吃過一次吧。如果想更輕鬆享用這種沖繩當地食物，建議去當地的超市。熟食區有大分量便當和天婦羅，甚至到了麵包、零食、飲料區，也到處都充滿沖繩特有的商品。就繞去超市一趟享用一下當地食物吧。

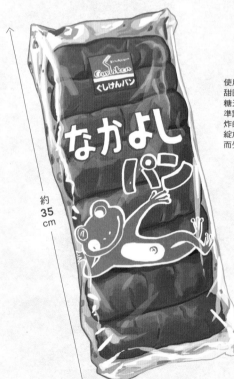

約
35
cm

なかよしパン

在添加巧克力的柔軟麵包裡夾入奶油。雖然個頭不小，但可以分成8小塊。包裝上的青蛙來源不詳，但在沖繩可是從小孩到老人都喜愛的老朋友。

沖繩
開口笑

使用麵粉、蛋和糖炸成如甜甜圈般的零嘴，直譯就是砂糖天婦羅。由於是沖繩的標準點心，在熟食區也有賣現炸的。裂開的前端有如花朵綻放，因此也被視為吉祥菜而受到大眾喜愛。

燉豬腳

在家料理很花時間的燉テビチ（豬腳）也可以輕鬆購得。花上長時間燉煮，以醬油為基底調味。由於充滿彈力十足的膠原蛋白，是推薦給女性的配菜。

ミキ

南西諸島自古以來喝的白米飲料「ミキ」的罐裝型式。加入了粳米、乳酸的清涼飲料水，微甜白濁，帶點黏稠的口感。罐子上寫的廣告詞「喝的頂極米」也是棒透了。

海葡萄

以沖繩特產聞名的海葡萄也能在超市輕鬆購得。海葡萄是名叫長莖葡萄蕨藻的海草，若有似無的鹽味和一顆顆的口感讓人想一吃再吃。要注意放進冰箱裡會萎縮！

酥炸烏尾冬

沖繩縣縣魚グルクン（烏尾冬）最大眾的料理方式。將整條魚用高溫油炸，連魚刺都可以卡哩卡哩地吃下去。直接吃或淋點醬油都非常美味，是可以當配菜或下酒菜的佳餚。

推薦

LOCAL SUPER MARKET

さんえーなはめいんぷれいす
SAN-A 那霸 Main Place

SAN-A是沖繩最大規模的超市，一共有約70間店鋪，其中那霸 Main Place擁有最大的賣場面積。美食或流行領域的店鋪也很豐富。

☎098-951-3300 MAP 附錄P14D2
🏠那霸市おもろまち4-4-9 🚃沖繩都市單軌電車 おもろまち站步行7分
🕐9:00〜23:00（部分店鋪為22:00）
🈳無休 ℗2500輛

【其他店鋪】

さんえーぎのわんこんべんしょんてい
SAN-A 宜野灣 Convention City

☎098-897-3330
MAP 附錄P17B2 🏠宜野灣市宇地泊558-10 🚗西原IC4km 🕐9:00〜23:00（部分店鋪為22:00）
🈳無休 ℗1125輛

さんえーびーいまたてい
SAN-A 為又 City

☎0980-54-0222
MAP 附錄P24E4 🏠名護市為又904-5 🚗許田IC 10km 🕐9:00〜23:00（部分店鋪為22:00） 🈳無休 ℗1300輛

あめくりうぼう
天久 RYUBO

在那霸市內等地開設13間店的RYUBOSTORE的店鋪之一，也是綜合商場「天久RYUBO樂市」的核心店鋪。當地食材不在話下，還有訂購自全國各地的當季食材，集合了陣容廣泛的商品。

☎098-941-1188 MAP 附錄P15C2
🏠那霸市天久1-2-1 🚃沖繩都市單軌電車おもろまち站步行15分 🕐24小時
🈳無休 ℗677輛

【其他店鋪】

いずみざきりうぼう
泉崎RYUBO

☎098-835-9111
MAP 附錄P29A4 🏠那霸市泉崎2-23-2 🚃沖繩都市單軌電車旭橋站步行10分 🕐9:00〜翌1:00 🈳無休 ℗50輛

さかえまちりうぼう
榮町RYUBO

☎098-835-5165
MAP 附錄P27F2 🏠那霸市安里388-6 🚃沖繩都市單軌電車安里站步行即到 🕐24小時
🈳無休 ℗50輛

尋找最新的THE沖繩
在「國際通」血拼

請別說「這已經是必遊景點了吧〜」，試著悠悠哉哉地逛一圈吧。
伴手禮、美食、島嶼雜貨，集合沖繩最新商品的地方果然就是這裡。

COMMENTED BY 三木愛海 WRITER

こくさいどおり
國際通

觀光時間約 **2小時**

沖繩第一！
約1.6km長的那霸觀光街

伴手禮店、雜貨店、咖啡廳、居酒屋等店舖林立。每週日的12〜18時，從縣廳北口的交叉路口到沖繩都市單軌電車牧志站一帶化身為行人徒步區，人山人海熱鬧非凡。

☎因店而異 MAP附錄P28A〜E2
🏠那霸市久茂地〜安里
🚃沖繩都市單軌電車縣廳前站或牧志站即到
⏰休自由通行 P無

←縣廳前站方向

ゆきしお ぶらんどしょっぷ こくさいどおりてん
雪鹽 品牌商店 國際通店

販售商品以富含礦物質的粉狀雪鹽為中心。口感滑順、入口即化的雪鹽ふわわ，和美妝品HOME SPA按摩鹽50克432日圓等商品非常熱門。

1 在口中瞬間消融的蛋白霜點心：雪鹽ふわわ各360日圓 2 店裡還嚐得到添加雪鹽的甜點，例如放上雪鹽金楚糕的雪鹽霜淇淋（杯裝）380日圓等

☎098-860-8585 MAP附錄P29A2
🏠那霸市久茂地3-1-1 🚃沖繩都市單軌電車縣廳前站即到
⏰10:00〜22:00 休無休 P無

おかしごてん こくさいどおりまつおてん
御菓子御殿 國際通松尾店

以「元祖紅芋塔」聞名的伴手禮店。使用縣產紅芋和台灣香檬等食材製作的點心種類豐富，能買到最沖繩的伴手禮。2樓附設沖繩料理店。

1 味道濃郁的元祖紅芋塔10入1080日圓 2 滿滿芒果奶油館的月亮公主5入751日圓

☎098-862-0334
MAP附錄P29A2 🏠那霸市松尾1-2-5 🚃沖繩都市單軌電車縣廳前站步行3分 ⏰9:00〜22:00（夏季為〜22:30）休無休 P無

わしたショップ 國際通本店

わしたしょっぷ こくさいどおりほんてん

在日本各地設有店鋪的沖繩縣官方特產直銷商店的總店。網羅約3000種以上在沖繩本島、離島製作的嚴選商品。

1 花生豆腐 琉之月，3入648日圓 2 台灣香檬、鳳梨彈珠汽水各200毫升198日圓 3 芒果乾140克864日圓 4 用油炒的甜味噌：島豬肉味噌120克648日圓 5 風獅爺圖案的美容液面膜：風獅爺面膜959日圓 6 島辣椒蝦仙貝18片裝648日圓

☎098-864-0555
MAP 附錄P29A2 ●那覇市久茂地3-2-22 ♥沖繩都市單軌電車縣廳前站步行3分 ●10:00～22:00 ●無休 ●有契約停車場（需洽詢）

6 下接 P100

牧志站方向→

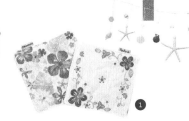

琉球民芸ギャラリー 鍵石 久茂地店

りゅうきゅうみんげいぎゃらりー きーすとん くもじてん

擁有陶瓷、琉球玻璃等將近60間工作坊作品的選貨店。風獅爺擺件、玻璃、手帕等商品也是五花八門。

1 原創手帕918日圓起，畫有獨特的風獅爺 2 灰泥張子風獅爺，1組1501日圓起

☎098-863-5348 MAP 附錄P29B2 ●那覇市久茂地3-2-18 ♥沖繩都市單軌電車縣廳前站步行3分 ●9:00～22:30 ●無休 ●有契約停車場（購物2000日圓以上免費停車1小時）

SPLASH OKINAWA 3

すぷらっしゅ おきなわ すりー

販售天然貝殼和珊瑚製成的首飾或裝飾小物。網羅充滿度假村風格的商品，毫無矯飾的天然風貌，在房間中也與自然融為一體。

1 色彩繽紛的紅型風雙面杯墊各432日圓 2 可以掛在牆壁上或吊在天花板上、把房間裝飾得更美美的《海星三角旗吊飾》1836日圓

☎098-868-2003 MAP 附錄P29B2 ●那覇市久茂地3-5-14 ♥沖繩都市單軌電車縣廳前站步行6分 ●10:00～22:00 ●無休 ●無

タコス専門店 Tacos-ya 國際通店
たこすせんもんてん たこすや こくさいどおりてん

沖繩家鄉味：塔可飯的人氣店。塔可與塔可飯配成套餐的Tacos-ya拼盤650日圓，附洋蔥圈和薯條，非常划算。

1 塔可飯是從墨西哥料理「塔可」變化而來，Tacos-ya拼盤650日圓再加100日圓附飲料，非常划算

☎098-862-6080
MAP 附錄P29C2 ♠那覇市牧志1-1-42 ♥沖繩都市單軌電車縣廳前站步行13分 ●11:00～21:45LO
❷無休 ⓟ10 ℗無

BijouBox
びじゅー ばっくす

擺飾的種類十分豐富，以在沖繩認為有驅邪效果的風獅爺為主。網羅約300種以上包括表情可愛的風獅爺在內的商品。

1 特色是鮮豔顏色的《迷你つんつん風獅爺》，1組1512日圓 2 手掌大小的可愛風獅爺，表情會因角度不同，1組5940日圓

☎098-863-9520 MAP 附錄P29C2
♠那覇市牧志1-2-32 ♥沖繩都市單軌電車縣前站步行10分 ●9:00～22:00 ❷無休 ℗無

←縣廳前站方向

おきなわ屋 本店
おきなわや ほんてん

沖繩限定的角色商品、風獅爺擺件、點心、加工品、原創商品等，網羅了眾多領域的伴手禮。在越看越開心的店裡，還有能試喝的泡盛區。

1 加入台灣香檬的梅酒300毫升1480日圓（酒精度8度），也很受女性歡迎 2 畫有時尚風獅爺的原創iPhone手機殼1980日圓

☎098-860-7848 MAP 附錄P29C2
♠那覇市牧志1-2-31 ♥沖繩都市單軌電車縣廳前站步行10分 ●9:30～22:30 ❷無休 ℗契約停車場20輛（購物2000日圓以上免費停車1小時）

BLUE SEALパーラー 大灣店
ぶるーしーるぱーらー おおわんてん

老字號冰淇淋專賣店。口味通常有25種以上，包括使用芒果探戈、紅芋、甘蔗、台灣香檬等南國風食材的口味。

1 可品嘗到鹽味金楚糕冰淇淋以及芒果紅芋綜合口味的冰淇淋&霜淇淋490日圓 2 哈密瓜冰水和夏季限定藍色浪潮的組合370日圓

☎098-864-0105
MAP 附錄P28D2 ♠那覇市牧志1-3-63 ♥沖繩都市單軌電車美榮橋站步行5分 ●10:30～22:00 ❷無休 ⓟ12（全店禁菸） ℗無

フルーツ市場
ふるーついちば （J）

位於市場本通上的水果店。熱帶甜點、沖繩特有的芒果或鳳梨等切片水果，以及苦瓜或甘蔗等新鮮果汁頗受好評。

☎098-864-2240
MAP 附錄P28D2 🏠 那霸市牧志3-1-1 🚃沖繩都市單軌電車美榮橋站步行8分 ⏰9:00～21:00 休無休 P無

1 苦瓜鳳梨汁380日圓 2 放上完熟芒果等4～5種季節水果的熱帶MIX刨冰500日圓

HAPiNAHA
はぴなは （K）

集合19間店鋪的娛樂商業設施，包括沖繩第一間點心品牌特產直銷商店、「沖繩よしもと」和網羅沖繩特產的「離島マルシェ」等。

☎098-862-5111
MAP 附錄P28D2 🏠 那霸市牧志2-2-30 🚃沖繩都市單軌電車美榮橋站步行8分 ⏰10:00～22:00 (2F 11:00～22:30LO。3F 平日14:00～、週六、週日、假日13:00～。4F 11:00～21:55) 休無休 P無

1 找伴手禮、美食、娛樂，一次滿足

牧志站方向→

Calbee＋沖繩國際通店
かるびー ぷらす おきなわこくさいどおりてん （L）

網羅了各種地區限定商品，例如當地薯條餅乾8種綜合包等。還可品嘗到黑糖口味馬鈴薯吉拿棒210日圓等店內現炸的熱呼呼點心。

1 美らぽて8袋裝825日圓，使用3種國產番薯和沖繩縣產黑糖的沖繩店限定商品 2 也有剛炸好的熱食，使用紅芋製成的スイートポテりこ290日圓

☎098-867-6254 MAP 附錄P28E2 🏠那霸市牧志3-2-2 🚃沖繩都市單軌電車牧志站步行5分 ⏰10:00～21:00 休無休 P無

RENEMIA
れねみあ （M）

身兼小咖啡廳、藝廊、特展、料理教室的選貨店。網羅沖繩手工藝品、藝術品、傢俱、首飾和食品等跨領域的嚴選商品。

1 宮古島香草茶，檸檬草20克432日圓 2 插畫家MIREI小姐所繪，洋溢著獨特世界觀的明信片各216日圓

☎098-866-2501
MAP 附錄P28F2 🏠 那霸市牧志2-7-15 🚃沖繩都市單軌電車牧志站即到 ⏰14:00～19:00 (咖啡廳為～18:00LO) 休週日 P無

「壺屋やちむん通」上
令人好奇的器皿店和咖啡廳

「壺屋やちむん通」是一條壺屋燒窯場櫛比鱗次的街道，最早從琉球王朝時代持續至今。
最近年輕老闆開設的咖啡廳和雜貨店也越來越多，去閒晃一圈似乎也挺有意思的。

COMMENTED BY 草野裕樹 WRITER

1 配色美如沖繩大海的《藍海馬克杯》3024日圓
2 店裡是一片宛如進入繪本的可愛世界，有許多
連小孩子也能樂在其中的展示 3 帶來愉快餐桌
的淺盤3402日圓起 4 店鋪商品角色「熊Yacchi
（左）」和「Moon（右）」的盤子，各6048日
圓

くらふと ぎふと やっちとむーん
Craft Gift Yacchi & Moon

宛如繪本般的店鋪
展示風格五花八門的陶器

這間陶器店廣泛蒐集了從老練陶工到年輕
作家的作品。為了讓顧客易於想像實際在
家中使用的情景，而利用廚房或小孩房等
多樣化的方式展示陶瓷器。同時設立了自
家原創的陶器品牌，販售其他家看不到的
動物主題商品也是迷人之處。

☎098-988-9639 MAP 附錄P28E4
那霸市壺屋1-21-9 沖繩都市單軌電車牧志站
步行13分 ⏰10:00～19:00 休無休 P無

1 以優美花紋展現清爽餐桌的綠釉菊 2 外觀厚重的可愛綠釉菊紋茶壺5616日圓 3 陶器似的厚重外觀，可愛的馬克杯3240日圓

① ② ③

④

ぐまぐわー
guma guwa

圖案清爽的器皿
帶來愉快的早晨

老字號窯場：育陶園的直營店。原本販售年輕作家的作品，後來提出「愉快的早晨」主題大幅更新。主要經手適合早晨餐桌的盤子和馬克杯。為易於想像而使用餐桌展示，清爽的形象讓人發現陶器的全新魅力。

⑤

⑥

☎098-911-5361 [MAP]附錄P28E4
🏠那霸市壺屋1-16-21 🚃沖繩都市單軌電車牧志站步行12分 🕙10:30～18:30 🈂無休 🅿無

4 販售以愉快早晨餐桌為主題的商品。圖案低調以突顯料理的器皿非常易於使用 5 由老民房改裝而成，店內陳列著讓人感覺輕快的陶器 6 以清爽早晨餐桌為形象的展示很引人注目

くらふと はうす すぷらうと
craft house Sprout

愛好古典花紋陶瓷器的店主經營的
陶器店。對整個沖繩打開雷達挑選
商品，並不會拘泥於壺屋燒。這裡
廣泛蒐集了新人到老手的作品，很
容易找到自己喜愛的品項。技術高
明的作家製作出設計性強大的器
皿，讓買家深深著迷。

☎098-863-6646 【MAP】附錄P28E4
🏠那霸市壺屋1-17-3 🚉沖繩都市單軌電車
牧志站步行12分 🕙10:00～19:00 休不
定休 Ⓟ無

1 廣泛網羅古典花紋到新
手製作的強烈藝術性器皿
2 工房十鶴充滿動感的仙
人掌花樣碗2160日圓 3
真喜屋修先生製作的卷唐
草8寸皿4675日圓 4 工房
ことりの的可愛杯子1836
日圓

1 使用傳統技法的同時也在
彩繪和形狀上下工夫，做出
適合現代餐桌的設計 2 還
能當作擺飾的小花瓶800日
圓 3 稍微有點深度而易於
使用的7寸皿3000日圓 4 從
上方看起來像一張臉的盤子
3000日圓 5 店名「んちゃぜ
ーく」是沖繩方言中「陶瓷
工藝」的意思

てづくりとうぼうんちゃぜーく
手作り陶房んちゃぜーく

在南城市製陶的石倉氏親子設立了
「陶房みんどうま」的商店，特色是
不但繼承傳統技藝，還畫出適合現
代的柔和彩繪。以一般使用的日常
器具、作家展現個性的作品和重要
日子使用的器皿等三條主線展開。
親子合作也是趣味之一。

☎090-9786-7631 【MAP】附錄P28E4
🏠那霸市壺屋1-21-12 🚉沖繩都市單軌電
車牧志站步行14分 🕙10:00～18:30 休週
四(可能臨時休店) Ⓟ無

PICK UP

甜點好好吃

小憩咖啡廳

1 盛裝在可愛器皿中的島嶼蔬菜與雞肉奶油咖哩（附飲料）980日圓（不含稅）2 軟綿綿的冰在口中瞬間融化，波照間黑糖牛奶善哉加冰淇淋650日圓（不含稅）

1 可用壺屋燒器皿品嘗ポーポー加飲料套餐1200日圓。也有販售金楚糕2 從窗戶可一覽有美麗紅瓦頂的新垣家住宅

やちむんとカフェ 茶太郎
やちむんとかふぇ ちゃたろう

位在やちむん通大門口附近的咖啡廳。出於店主「希望客人能感到雀躍」的念頭，而在創意滿點空間裡附設販售陶器和木工雜貨的雜貨區。販售的餐具也會用來盛裝咖啡廳的餐點。

☎098-862-8890 MAP 附錄P28E4 ▲那霸市壺屋1-8-12 ♞沖繩都市單軌電車牧志站步行12分 ⏰10:00～19:00（雜貨為～19:30）休無休 座23 P2輛

うちなー茶屋 ぶくぶく
うちなーちゃや ぶくぶく

富有情調的空間由原本是廣播公司的建築物改建而來，在這裡可享用到傳統的「ぶくぶく茶」。一邊吃上頭堆成小山的泡泡一邊喝著傳統茶，請與沖繩風可麗餅「ポーポー」或冰善哉「八寶粥」一同享用。

☎098-861-2952 MAP 附錄P28E4 ▲那霸市壺屋1-28-3 ♞沖繩都市單軌電車牧志站步行15分 ⏰10:00～17:30 休不定休 座20 P無 ※小學生以上才可入店

是這樣的地方

壺屋やちむん通
つぼややちむんどおり

老字號窯場直營店櫛比鱗次的陶瓷器街

那霸市壺屋以從琉球王朝至今的陶瓷器產地聞名，散布著許多窯場。從國際通穿越市場本通後，是一條長約400公尺左右的石板道。道路兩旁排列著窯場直營店和陶器專賣店，能遇見設計多彩多姿的"やちむん（陶器）"。

☎098-866-6661（壺屋やちむん通會）MAP 附錄P28E3 ▲那霸市壺屋1 ♞沖繩都市單軌電車牧志站步行15分

當地客人常去的焦點地區
繞一圈「北中城」周邊的 GOOD SHOP

本島中部的北中城村、沖繩市由於觀光景點少，對觀光客而言是比較不熟悉的地區。

但是呢，最近開了一間又一間的咖啡廳和雜貨店，在沖繩悄悄聚集了人氣。

COMMENTED BY **草野裕樹** WRITER

中部

きたなかぐすく
北中城

**聚集了外國人住宅商店，
現在高度引人注目的地區**

在縣內也十分有名的外國人住宅區，最近隨著「永旺夢樂城沖繩來客夢（→P134）」新開幕，注目度直線上升。由於外國人住宅商店散布在這個廣大的區域內，建議從那霸租車過來開車遊覽。

是這樣
的地方

MAP 附錄P18E2～3周邊 📍那霸IC到北中城IC約12km，北中城IC到沖繩南IC約7 km

1 彷彿從繪本世界跳出來的作品，增田良平作／ten 2 附近外國人也常去吃的側腹牛排1500日圓／Restaurant Rose Garden 3 外國人住宅改建而來的可愛店鋪／カフェ スバコ. 4 舒服的店內，據說是根據沖繩風水改建／Shoka:

てん
ten

日常生活用品蒐集自全日本各地。根據「可愛、有趣」的感覺慎選而來的作品，每件都充滿感性。諸如工房いろは（→P83）等沖繩作者的作品也很豐富。

1 增田光小姐的杯子，裡外兩面都畫了臉 2 木ユウコ小姐的杯子3024日圓，配色相當有魅力 3 網羅了形狀或配色閃耀著個性的作品

☎098-894-2515 MAP附錄P18E2
🏠北中城村島袋1497 🚗沖繩南IC3.6km 🕐12:00～18:00 休週一～週三 P4輛

しょか
Shoka:

重視與作者邂逅的老闆田原小姐，旅行全國挑選作品。除了和沖繩作家合作的餐具，也有Minä perhonen、Jurgen Lehl的洋裝和雜貨。

☎098-932-0791 MAP附錄P18E2
🏠沖繩市比屋根6-13-6 🚗沖繩南IC4.5km 🕐12:30～19:00 休週二 P9輛

1 令人聯想到海中生物的單邊耳環19872日圓 2 小野田郁子小姐做的玻璃套杯，3個1組9072日圓

1 每週變更的午餐盤1280日圓。這天是縣產豬肩肉 2 改建自適合二手傢俱的外國人住宅

かふぇ すばこ.
カフェ スバコ.

小小的村莊洋食館，提供以當地食材為主、味道柔和的料理。鳥巢箱般可愛的店內設計加上老闆夫婦的好人品，讓人度過一段安穩的時光。

☎098-989-6282
MAP附錄P18E4 🏠北中城村仲順264-4 No.69 🚗北中城IC3.2km 🕐11:30～17:00（16:00LO）※僅週五、週六的18:00～22:00（21:00LO）也有營業 休週二 P9輛

往宇流麻
沖繩南IC
◎沖繩市公所
N
0 500M
330
20
22
ten
Shoka:
85
永旺夢樂城
沖繩來客夢
沖繩自動車道
329
海山道路方向
喜舍場スマートIC
Restaurant Rose Garden
北中城村役場
227
◎北中城高中
81
カフェ スバコ.
北中城中學
中城灣
北中城
往宜野灣

---

1 早上8點開始營業，最適合來吃早餐了 2 口感溼潤的頂級起司蛋糕420日圓

れすとらん ろーず がーでん
Restaurant Rose Garden

鄰近美軍基地的這間餐廳也有許多外國人消費。起初似乎是美國人老闆開的店，洋溢異國風情的空間帶著刺激感。直到下午5點都能點的早餐菜單也很受歡迎。

☎098-932-2800
MAP附錄P18D3 🏠北中城村屋宜原165-1 🚗北中城IC3.3km 🕐8:00～24:00 休無休 P40輛

在陶器之里逛窯場
尋找傳統陶瓷器

想找傳統陶藝品「やちむん」的話，就去讀谷村的陶器之里吧。
其中非看不可的景點就是登窯「讀谷山窯」，紅瓦頂令人印象深刻。

COMMENTED BY 三木愛海 EDITOR

昭和55年（1980）誕生，以陶器之里象徵聞名的讀谷山窯，一年會燒窯數次

西海岸度假區

是這樣的地方

やちむんのさと
陶器之里

人稱陶器的聖地
棲息著傳統的陶藝品產地

趁著已逝人間國寶：金城次郎等人將窯場從陶瓷器產地那霸市壺屋移往讀谷村時，居住在縣內的陶工也將此地當成據點。現在包括玻璃工作坊在內有16間工作坊分布其中。附設藝廊兼商店的工作坊也不少，在接觸傳統的同時還能尋找自己喜歡的陶瓷器也是魅力之處。

☎098-958-6494（讀谷村觀光協會）MAP 附錄P21C3
🏠讀谷村座喜味 🚗石川IC12km 🕐自由散步（部分工作坊不可參觀）Ｐ利用共同停車場

Start

共同停車場

📷 ①

ゆくたやがま
横田屋窯

曾在大嶺實清先生身邊修業的知花實先生設立的工作坊。從親自開闢山林建造的登窯中燒出的陶器，特色是無論顏色和花樣的開展都既從容又美麗。古典設計的作品為數頗多。

① 美麗唐草花紋的八寸皿3000日圓 ② 還能放些小玩意的香盒1700日圓 ③ 1年出窯2次

☎098-958-0851
MAP 附錄P21C3
🏠読谷村座喜味2651-1 🚗石川IC12km 🕐9:00～18:00 🈹週日
Ｐ4輛

②
よみたんざんやききたがまはいてん
讀谷山燒北窯販賣部

可購買到宮城正享先生、與那原正守先生、松田米司先生及松田共司先生4人作品的直銷店。這裡販售以柴火燒窯的傳統共同登窯：讀谷山燒北窯燒製的器皿，網羅了繪上傳統花樣的器皿和藝術性豐富的杯碗碟盤。

1 位於陶器之里深處　2 冰淇淋盤1620日圓（宮城正享作）　3 萬用杯1296日圓（松田米司作）
☎098-958-6488
MAP附錄P21C3 ●読谷村座喜味2653-1 ♥石川IC12km
●9:30～17:30　●不定休　P5輛

③
よみたんざんがまきょうどうちょくばいてん
讀谷山窯共同直銷店

販售山田真萬先生、大嶺實清先生、玉元輝政先生、金城明光先生4人作品的直銷店。有許多使用傳統技法、觸感多樣的器皿，讓欣賞者為之著迷。讀谷山窯是陶器之里中主要的窯場之一，外觀獨具風情，紅瓦是其特色。

☎098-958-4468　MAP附錄P21C3
▲読谷村座喜味2653-1　♥石川IC12km　●9:30～18:00（冬季為～17:30）　●週二　P20輛

1 酒壺3000日圓（玉元輝政作）　2 大深杯700日圓（玉元輝政作）　3 特色與讀谷山燒北窯販賣部一樣是紅瓦頂

Goal

共同停車場

④
ぎゃらりーもりのちゃや
ギャラリー森の茶家

讀谷山燒陶藝家之一：金城明光先生的妻子久枝小姐所經營的藝廊兼咖啡廳。欣賞陶器的同時可以享用的餐點有善哉和飲料等等，最適合在散步途中進去一趟了。

☎098-958-0800
MAP附錄P21C3　▲読谷村座喜味2748　♥石川IC12km　●12:00～19:00　●不定休　●25　P20輛

1 牆壁和窗邊陳列著金城明光先生的作品 2 前面是沖繩煎餅400日圓，後面是冰咖啡350日圓 3 人氣咖啡壺10000日圓 4 冰咖啡用的蓋杯2000日圓，蓋子上有插吸管的洞

Start

Goal

共同停車場	① 横田屋窯	② 讀谷山燒北窯販賣部	③ 讀谷山窯共同直銷店	④ ギャラリー森の茶家	共同停車場
	步行5分	步行即到	步行即到	步行即到	步行4分

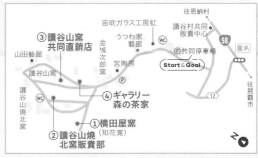

往思納村

宙吹ガラス工房虹
③ 讀谷山窯共同直銷店
うつわ家藝廊
山田藝廊
金城次郎窯
讀谷山窯
宮陶房
P
Start & Goal
P共同停車場
58
喜名
往那霸市
WC
④ ギャラリー森の茶家
讀谷山燒北窯
WC
① 横田屋窯
② 讀谷山燒北窯販賣部
(知花寬)
12
N

在綠蔭中悠悠哉哉、輕鬆自在
漫步在備瀨聚落的福木行道樹下

在城市的節奏裡感到疲累時，我會去這個步調悠哉的聚落裡洗滌心靈。
請看看福木行道樹隧道的前方，那裡有一片最美的大海與天空。

COMMENTED BY 三木愛海 EDITOR

是這樣
的地方

（沖繩美麗海水族館周邊）

びせしゅうらく
備瀨聚落

保留沖繩原風景的寶貴聚落
最適合悠悠哉哉地散步

聚落受綠意盎然的福木所覆蓋，距離沖繩美麗海
水族館約5分鐘車程即可到達。這裡分布著諸如
備瀨的福木行道樹和可遠眺離島伊江島的備瀨
崎等絕美的景點。散步途中也有洋溢著南國情
調的咖啡廳。乘著水牛車悠悠哉哉前行的福木行道
樹觀光也很推薦。

☎0980-47-3641(本部町觀光協會) MAP附錄P25B1
🏠本部町備瀨 🚗許田IC29km Ⓥ🅣🅟自由參觀
Ⓟ町營停車場20輛

1 舒服的風吹過福木行道樹隧道裡 2 沖繩風的古民房星羅棋布 3 散步途中發現南國植物朱槿和九重葛 4 到處都是獨特的風獅爺 5 穿過福木行道樹沿著海邊漫步，約花2小時可回到出發地點 6 從備瀨崎遠眺伊江島

備瀨的福木行道樹
びせのふくぎなみき

過去曾經是防風林的福木經年累月成長後，互相交疊成為遮天蔽日的綠色隧道。其中也有樹齡超過300年的樹木，現在仍由聚落居民細心守護。行道樹中還有夫婦福木和軸石等景點。

1 3月的新綠特別美麗，請安靜參觀勿打擾居民 2 細葉榕根部的軸石，據傳這顆石頭是劃分聚落的基準 3 夫婦福木是在生長過程中貼上一塊的兩棵福木

☎0980-47-3641(本部町觀光協會)
MAP附錄P25B1　🏠本部町備瀨
🚻許田IC29km　⏰🈷🈺自由參觀
🅿利用町營停車場

---

cafe CAHAYA BULAN
かふぇ ちゃはや ぶらん

遠眺伊江島的海邊咖啡廳。可品嘗到使用沖繩食材的亞洲風料理和甜點。甜點有淋上自製熱帶醬汁的南國起司蛋糕680日圓以及夏季限定CHAHAYA奶酪等，都很受歡迎。

1 露天座位6席 2 洋溢亞洲風情的店內 3 味道濃郁的五花肉蓋飯980日圓，可加320日圓放上海葡萄。南國起司蛋糕和越南甜品冰等組合而成的4道甜點拼盤1000日圓

☎0980-51-7272　MAP附錄P25B1
🏠本部町備瀨429-1　🚻許田IC29km　⏰12:00〜日落，餐點為〜16:00LO(7〜9月為11:30〜)　🈺週三、週四(7〜9月為週三)　🈳30　🅿利用町營停車場

推薦這樣在聚落散步♪

在沖繩本島也很難有機會坐到水牛車

フクギ並木観光
ふくぎなみきかんこう

水牛車帶你悠悠哉哉遊覽備瀨福木行道樹，所需時間約20分鐘。就在町營停車場的前方，但水牛之旅可能已經出發而沒有人在，撥電話過去會告知等候時間。

☎090-1941-9291　MAP附錄P25A1
🏠本部町備瀨384　🚻許田IC29km　💴4人以下2000日圓(第5人起每追加1人500日圓)
⏰9:00〜17:00　🈺無休　🅿利用町營停車場

並木レンタサイクル
なみきれんたさいくる

位於町營停車場靠海側的自行車出租店。也有兒童用車，1天租金500日圓。在涼爽的行道樹下或是迎著舒暢海風在海邊騎自行車都十分爽快。

也有出租游泳圈200日圓和潛水用呼吸管300日圓

☎090-1948-6568　MAP附錄P25A1
🏠本部町備瀨411　🚻許田IC29km　💴自行車租金300日圓起～　⏰9:00〜19:00(11〜3月為18:00)　🈺天候不佳時　🅿利用町營停車場

尋求感動人心的夕陽
從那霸⇒西海岸自駕兜風

從國道58號線北上後，會從大城市那霸搖身一變為能感受美國文化的街道。
在觀賞夕陽的著名景點結束這一天，一定會深覺感動！

COMMENTED BY 草野裕樹 WRITER

Start

那霸 ⟶

美國傢俱店聚集
在傢俱街SHOPPING

從雜貨到大型傢俱等商品廣泛網羅，有如古董百貨公司

從那霸北上，沿著傢俱店排排站的宜野灣市大山國道58號線前進。以前主要轉售軍隊淘汰的傢俱，現在以販賣店主直接去美國進貨的古董傢俱居多。

沿著馬路的整排傢俱店，令人開心的是價格和本島相比也更為合理

しかごあんてぃーくす るーとごじゅうはち
CHICAGO ANTIQUES on ROUTE58

陳列了1萬件以上商品的兩層樓大型古董商店。品項眾多，從派熱克斯玻璃及Fire King等稀有餐具到傢俱及照明器材都非常豐富。喜歡傢飾品的人一定要去一趟。

☎098-898-8100 MAP附錄P17C2 ▲宜野灣市真志喜1-1-1 ❗西原IC3.7km ⏰11:00～19:00 ❌無休 🅿4輛

外國般的氣氛讓人樂在其中
在北谷～嘉手納區域吃頓遲來的午餐

在沖繩最讓人感受到異國風情的地方，莫過於美軍基地佔地廣大的北谷、嘉手納地區。由於美國人的居住率高，配合他們喜好的商店也多。試著感受一下自過去以來在沖繩扎根的美式文化吧。

美濱美國村(→P135)也在這一區

ごーでぃーず おーるどはうす
GORDIES OLD HOUSE

北谷人氣漢堡店「GORDIE'S」（→P50）的2號店在2015年開幕了。店主自行將店內改裝成貼上紅磚的老美式風格，充滿氣氛。

☎098-956-7570 MAP附錄P9A4 ▲嘉手納町水釜189-1 ❗沖繩南IC 8km ⏰11:00～21:00 ❌週四 🅿40 🅿6輛

1 自製麵包中夾著厚肉排的古典老房子三明治 1200日圓 2 越過櫃檯看見的廚房也很有氣氛

絕美景點超多♪
在<u>西海岸</u>遠眺夕陽

面朝東海的西海岸分布著觀賞夕陽的景點。其中殘波岬有白色燈塔與染成一片鮮紅的大海構成美麗景致，適合作為兜風的終點。

日落時間預估表

1月	2月	3月	4月
17:48	18:12	18:31	18:46
5月	6月	7月	8月
19:01	19:18	19:26	19:16
9月	10月	11月	12月
18:49	18:16	17:47	17:37

Don't miss it!

沖繩最大的風獅爺

公園裡高約7m的風獅爺是拍紀念照的人氣地點♪

ざんぱみさきこうえん
殘波岬公園

突出於東海的海角。夕陽從海角邊緣的燈塔後方沒入海中，美景絕倫。斷崖長約2km，往下俯視時不禁被猛力濺起的海浪所震懾。同時也與公園相鄰，可享受餵食可愛山羊的樂趣。

☎098-958-0038（殘波岬休憩廣場）
MAP附錄P21A1 ▲讀谷村宇座 ‼石川IC15km
🕐休自由參觀 🅿270輛

Goal

手藝之村
在<u>讀谷村</u>找器皿

接下來前往工作坊聚集的讀谷村。說到從琉球王朝時期持續至今的陶瓷器產地就是壺屋（→P105），但以已故人間國寶：金城次郎先生將窯場搬到此處為契機，也有許多陶藝家跟著搬過來，現在聚集了60間以上的工作坊。

1 以居住在讀谷或與此地相關的作家作品為主
2 人氣看漲的シマシマポタリ的碟子1944日圓 3 曾在讀谷學藝的小林美風小姐做的杯子3132日圓

ろった
LOTTA

女性店主經營的器皿選貨店。網羅了「工房いろは」、「シマシマポタリ」等由女性眼光挑選的可愛作品。同時經營以墨西哥料理為主的咖啡廳。

☎098-956-2818
MAP附錄P21B3 ▲讀谷村都屋272-6
‼沖繩南IC13km
🕐10:00～18:00 ❷週一、週二 🅿1輛

[course info] 行駛距離 約35km

出了那霸沿國道58號線北上，途中行經宜野灣市大山的傢俱街和咖啡廳，最終目的地是殘波岬

開車來段輕鬆的 ♪ 小島之旅 part1

渡過「海中道路」，
去吃傳說中的刨冰

這裡

沖繩本島周邊散布著星星點點的小島，有部分靠橋或與道路連接。
前往時間緩慢的小島兜風頗適合作為旅行的主題。首先就開車去那間蔚為話題的刨冰店吧！

COMMENTED BY 草野裕樹 WRITER

❶

中部

かいちゅうどうろ
海中道路

連接4座沉靜小島與本島的海中道路是人氣絕美景點，可享受宛如飛越海面般的兜風自駕之旅。平安座島、宮城島、濱比嘉島、伊計島等4座島嶼上保留有沖繩的原風景，最近餐廳和藝廊也增加了，人氣水漲船高。到了海中道路的中間點，還可以順便去販售特產的「海の駅あやはし館」（☎098-978-8830 MAP 附錄P8E4）逛逛。

是這樣
的地方

☎098-978-0077
（宇流麻市觀光物產協會）MAP 附錄
P8E4 ●うるま
市与那城屋平 ‼
沖繩北IC12km ⊗
自由通行（海の駅あやはし館為●9:00～
18:00 ⊗無休
●300輛）

❷

❸

❹

❺

1 全長約4.8km的絕美兜風路線
2 連接平安座島與濱比嘉島的大橋 3 位於濱比嘉島志仁禮久靈場附近的沙灘，奇岩從海中探出頭來 4 島上聚落可欣賞到瓦頂房並列的樸實景觀 5 濱比嘉島森林中的御嶽「志仁禮久靈場」，洞窟內除了相關人士外禁止進入

PICK UP

1 店鋪顏色彷彿融入這座被甘蔗田佔領的島嶼 2 座位旁還有陶藝家島袋克史先生的藝術空間 3 刨冰淋上將芒果直接放進果汁機裡打出來的自製糖漿750日圓 4 滿滿草莓的刨冰600日圓 5 企鵝形狀的可愛水壺6800日圓 與杯子3250日圓

（宮城島）
るあんぷらすしまいろ
瑠庵＋島色

與陶藝家合作誕生的色彩繽紛刨冰，獨佔了夏天的話題。曾在神奈川的名店磨練技巧的店主，專注在以果肉為基底的自製糖漿，致力於提升風味，和輕飄飄入口即化的冰非常搭。配合刨冰製作的容器也很引人注目。

☎050-3716-4282
MAP 附錄P8F4 🏠うるま市与那城桃原428-2 🚩沖繩北IC 21km ⏰10:00～18:00（17:30LO） 🈺週三 🅿20（17:30LO） 🅿3輛

─ 順便去的SPOT ─

（濱比嘉島）
みどりのかぜ
緑の風

展售令人聯想到沖繩大自然的美麗首飾，在這裡還能體驗製作玻璃珠飾品，可從項鍊、手環和手機吊飾中選擇，玻璃的顏色和花樣種類也很豐富。

☎098-977-7202 MAP 附錄P8E4
🏠うるま市勝連浜103-3 🚩沖繩北IC18km
⏰12:00～17:00 🈺週一、週二 🅿4輛

玻璃珠體驗 2500日圓
玻璃製作和冷卻總共需要2小時40分鐘，製作飾品約20分鐘。可日後郵寄，還能收到講師製作的首飾作為贈品。

🏠 網羅了色彩繽紛的首飾。這件是孔雀戒指3240日圓起

（濱比嘉島）
しるみちゅーれいじょう
志仁禮久靈場

傳說中夫婦神阿摩美久和志仁禮久居住過的洞窟。鐘乳石陰石被尊為送子靈石而受到崇拜。

☎098-978-0077
（宇流麻市觀光物產協會）MAP 附錄P8E4 🏠うるま市勝連比嘉 🚩沖繩北IC19km 🅰🈺 自由參觀 🅿無

N
0 1KM

伊計島
伊計海灘
Tonnaha海灘 10
宮城中央公園　泊城跡
宮城島
平安座島
平安西公園 ── 瑠庵＋島色
37
照間海灘　平安座島
16 10　海の駅あやはし館
宇流麻市公所　海中道路　238
勝連城跡　濱比嘉大橋
37　濱比嘉島 ── 緑の風
藪地島
8 ── 志仁禮久靈場

開車來段輕鬆的♪小島之旅 part2

洋溢度假村氣氛的NEW SPOT
前往「瀬長島Umikaji Terrace」這裡↓

洋溢地中海度假村氣氛的瀬長島Umikaji Terrace，是2015年開幕的複合式商場。廣大的建地上聚集了咖啡廳和珠寶店等30間左右的店鋪，街道充滿度假村的感覺

COMMENTED BY 三木愛海 WRITER

1 所有店鋪都是雪白牆面，天氣好時度假感再UP 2 瀬長島Umikaji Terrace的旁邊還有溫泉及美景誘人的「琉球溫泉 瀬長島飯店」 3 鄰近那霸機場，可欣賞飛機起降時生氣勃勃的景象 4 有許多當地人來看夕陽的小島

是這樣的地方

(南部)

せながじまうみかじてらす
瀬長島Umikaji Terrace

瀬長島是一個可遠眺飛機起降的小島。在以美麗夕陽景點聞名的這座島上，2015年夏天落成了新設施。餐廳、珠寶店、休閒沙龍、海洋用品店等，集合了約30間提供美食、遊樂、觀賞、療癒的店鋪，形成了一條街。在無論白天、晚上皆可遊玩的景點一邊賞景一邊享受吧。

☎098-851-7446(瀬長島觀光協會) MAP 附錄P5A2
🏠豊見城市瀬長174-6 🚗那霸機場6km ⏰10:00～22:00(因店而異) 🅿無休(因店而異) Ⓟ300輛

PICK UP

GOOD SHOPS!
in Senagajima Umikaji-Terrace

1 微辣的氾濫漢堡套餐1600日圓，附薯條和飲料 2 「チムフガス」是沖繩方言中「讓你滿足」的意思

てしごと ──────── Ⓐ
TESHIGOTO

販售質輕堅韌、以機能性帆布製作的手作包，也有使用復古風布料的包包。TESHIGOTO的包包優點是容易與各種生活風格搭配。

1 帆布包。左起是2用手拿包8640日圓、托特包19440日圓 2 有許多不分年齡層皆可使用的商品

☎098-996-5393
MAP 附錄P5A2 ●11:00～20:00 休不定休

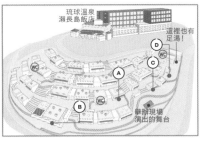

琉球溫泉
瀨長島飯店

這裡也有足湯！

Ⓓ
WC
Ⓒ
Ⓐ
WC

WC
Ⓑ

舉辦現場演出的舞台

まーさんみっしぇる せながじまうみかじてらすてん ── Ⓑ
マーサンミッシェル
瀨長島Umikaji Terrace店

使用縣產素材手工製作的生牛奶糖專賣店，共有芒果、原味、鹽等5種口味。還有同樣5種口味的焦糖奶油醬、麵包乾和金楚糕等，網羅了適合當伴手禮的商品。

1 南國代表性水果芒果的焦糖奶油醬2280日圓，還有黑糖等口味 2 在店內製作麵包乾等商品

☎098-996-5125 MAP 附錄P5A2
●10:00～19:00 休無休

ぶらんちず ──────── Ⓒ
BRANCHES

誕生於石垣島的珠寶店「TILAA EARTH」的姊妹店。南國風色彩繽紛的首飾使用天然石製作，全都是僅此一件的手作商品。種類包括項鍊和手環等等。

☎098-996-5390 MAP 附錄P5A2
●11:00～19:00 休無休

はんらんばーがー ちむふがす ── Ⓓ
氾濫バーガー
チムフガス

招牌菜是氾濫漢堡，200克特大肉排與厚切培根具壓倒性的存在感。第一口再令人驚艷的是，與焦香得到好處的起司的完美搭配。酪梨起司漢堡850日圓等餐點也很受歡迎。

☎098-851-8782
MAP 附錄P5A2 ●11:00～20:00 休不定休 席16

1 環型、紅珊瑚耳環各10800日圓，綠松石圈耳環12960日圓等 2 網羅設計纖細、帶出女人味的首飾

開車來段輕鬆的 ♪ 小島之旅 part3

尋找大排長龍的天婦羅！
在悠閒的離島「奧武島」散步

一片沉靜風景的奧武島，是當地人和觀光客熙來攘往的小島。
邊吃內行在地人才知道的名產天婦羅、在樸素的海灘悠哉渡過，緩慢的時間正在等待著你。

COMMENTED BY　三木愛海　WRITER

↖這裡

是這樣的地方

〈 南部 〉

おうじま
奧武島

周長約1.6km的小島。傳統活動蓬勃，其中祈求漁船滿載而歸的舊曆活動「奧武島ハーリー（划傳統帆船サバニ的競速比賽）」舉辦的日子，是島上一年中最熱鬧的時候。島上有許多讓人就近感覺到奧武島歷史與習慣的景點，例如供奉觀音像的奧武島觀音堂和祭祀海神的龍宮神等等。

☎098-948-4660
（南城市觀光協會）
MAP 附錄P4E3
🏠南城市玉城奧武
🚗南風原南IC10km
自由參觀 🅿
利用公共停車場

1 有天婦羅店、生魚片店和攤販等等 2 奧武島觀音堂為戰後重建 3 從7月到秋季時可看到曬南魷。在島上的「いまいゆ市場」等地販售 4 時間慢悠悠地流逝 5 漁港內的サバニ實物 6 「奧武島海底觀光玻璃船」的招牌犬

SO DELICIOUS!

\ No.1 sales /

\ No.3 /

魚
65 日圓

魚種因時而異，有白肉魚或紅肉魚如鮪魚等等

石蓴（海藻）
65 日圓

使用自家養殖的石蓴，在口中散發滿滿的海潮香氣

\ No.2 /

水雲
65 日圓

使用奧武島產水雲，加入蔬菜，內在蓬鬆柔軟

なかもとせんぎょてんぷらてん
中本鮮魚てんぷら店

觀光旺季時免不了大排長龍，即使如此排隊購買天婦羅的人潮還是絡繹不絕的人氣店舖。天婦羅的種類有使用縣產食材的海藻石蓴、魷魚、魚肉、香腸、田芋等等，邊看海邊享用剛炸好的熱騰騰天婦羅吧。

過了奧武橋就在左手邊，附設鮮魚舖

☎098-948-3583
MAP 附錄P4E3　▲南城市奧武島9　♨南風原南IC10km　●10:00〜18:30（11〜3月為〜18:00）　休無休（可能臨時休店）　❷12　●4輛

┌━順便去的SPOT━┐

おうびーち
奧武海灘

渡過通往奧武島的橋後，左手邊就是奧武海灘，夏天因當地的孩子們而熱鬧滾滾。同時也是奧武島的休憩景點，人們會坐在防波堤上吃天婦羅或生魚片。滿潮時海水可能會淹過沙灘，請務必小心。

1 當地色彩濃厚的海灘，海水透明度高，十分美麗

☎098-948-4660（南城市觀光協會）　MAP 附錄P4E3　▲南城市玉城奧武　♨南風原南IC10km　●休自由參觀　●利用公共停車場

おうじまかいていかんこうぐらすぼーと
奧武島海底觀光玻璃船

在珊瑚礁多的奧武島周邊，據說一整年都可觀察到的魚有800種，海中會因季節或天候而呈現各式各樣的風貌。也只有在玻璃船這裡能聽到關於海洋或魚類的有趣廣播。

☎098-948-7255
MAP 附錄P4E3　▲南城市玉城奧武19-9　♨南風原南IC10km　❤搭船1500日圓　●9:00〜18:30（10〜3月為〜17:00）　休無休　●5輛

1 除了熱帶魚小丑魚、日本鰻、石斑魚、青嘴龍占之外，還有澳洲微孔珊瑚、枝狀珊瑚等各式各樣的生物 2 領航員津波古先生。船票可在「いまいゆ市場」購買

地圖文字：
那霸方向
糸滿市方向
奧武島海底觀光玻璃船乘船處
奧武海灘
奧武簡易郵局
いまいゆ市場
中本鮮魚てんぷら店
奧武島觀音堂
龍宮神
N
0　100M

沖繩之旅滿足度急速上升♪
輕鬆享受美麗海的4個方法

都特意來到沖繩了，當然要下海充分享受度假的氣氛。
在這裡向大家介紹在短時間內享受大海、湧現「我在沖繩！」具體感覺的小型海上娛樂活動。

COMMENTED BY 吉永小百合 WRITER

1
非住客也OK!
在飯店海灘上安心遊玩

在眾多的海灘中，飯店的海灘整頓得井井有條，服務也很周到，可安心享受海水浴和各種活動。

1 藍色大海與飯店的紅瓦屋頂搭配成獨特的風景 2 利用海水噴出的衝力使人浮在空中的X-Jetpack，15分5000日圓

― 西海岸度假區 ―

Busena海灘(The Busena Terrace)

畫出一條微曲弧線的海灘，全長約760m，特色是平緩的海浪和美麗的藍色漸層。從龍舟等標準活動到海上航行，娛樂多采多姿。

☎0980-51-1333 MAP附錄P11B4
🏠名護市喜瀨1808 🚗許田IC5km ¥非住客2000日圓 🕐開放游泳期間4～10月（活動需洽詢）、9:00～17:00（有季節性變動）🈺期間中無休 Ｐ350輛
●飯店DATA→P144

海上娛樂MENU
◎拖曳傘　60分（飛行時間約10分）8640日圓
◎龍舟　10分2700日圓

---

1 一片廣闊開放的世界。海灘上還有教堂 2 可輕鬆在海裡散步的海底漫步60分鐘7560日圓

― 山原 ―

Okuma海灘(JAL Private Resort Okuma)

和飯店僅有一路之隔的長海灘。雪白的天然沙灘延伸約1km，完全像是另一個世界。由於遠離市區，海水的透明度也是無可挑剔。

☎0980-41-2222 MAP附錄P12D3
🏠国頭村奧間913 🚗許田IC30km ❤施設使用費750日圓（住客免費）🕐全年開放游泳，9:00～18:00（有季節性變動）🈺無休 Ｐ150輛（每回住宿500日圓）
●飯店DATA→P145

海上娛樂 MENU
◎玻璃船遊覽
　40分2160日圓
◎浮潛之旅
　90分5400日圓

1 令人聯想到南歐的建築物與天然海灘的對比極為漂亮 2 由於有雙體船的網子著著，所以也能游泳的浮潛之旅 2小時6700日圓

― 西海岸度假區 ―

Nirai海灘(Alivila日航度假飯店)

開展在飯店前方的海灘。由於海岸保留自然的樣貌，故有許多生物棲息。高低潮的潮差最大可達約2m，不同時間可能會有熱帶魚、海星，甚至是罕見的海龜到訪。

☎098-982-9111
MAP附錄P21A2 🏠読谷村儀間600 🚗石川IC13km ❤免費入場 🕐全年開放游泳，9:00～18:00（有季節性變動）🈺無休 Ｐ250輛
●飯店DATA→P145

海上娛樂 MENU
◎水上摩托車
　10分3920日圓
◎夕陽航行之旅
　60分3200日圓起

2
在妥善整備
的公共海灘上悠哉度過

公共海灘是指由國家或市町村管理的海灘。
由於免入場費，任何人都可以輕鬆利用，也整備得十分完善。

1 左手邊有風景名勝萬座毛（→P136）的斷崖
近在咫尺 2 萬座洞窟浮潛之旅120分5000日圓

（西海岸度假區）

おんなかいひんこうえんなびーびーち

恩納海濱公園Nabee海灘

隱身在從國道58號稍微往裡面一點處的秘密海灘。站在沙灘上，度假飯店正在正前方，能感受到南國氣氛。海灘入口有座大風獅爺，許多人在這裡拍照留念。

☎098-966-8839（管理事務所）
MAP 附錄P22D1 🏠 恩納村恩納419-4
🚗屋嘉IC7km 💴免費入場 🕐開放遊泳期間4～10月（活動為全年）、10:00～19:00 🅟期間中無休 Ⓟ100輛

海上娛樂 MENU
◎ 香蕉船
15分2000日圓
◎ 海上泛舟
90分3000日圓

1 沙灘上設有沙灘排球場
2 海上泛舟30分1000日圓起

（中部）

ぎのわんかいひんこうえんとろぴかるびーち

宜野灣海濱公園熱帶海灘

雖然在市區裡，但正如海灘的名稱，熱帶模式全開！除了本地客，也有很多外國人使用，帶著獨特的國際氣氛。延伸到海上的堤防前端有個瞭望所，那裡所見的廣大海洋和夕陽可是絕景。

☎098-890-0881（Tropical house）
MAP 附錄P17B2 🏠 宜野灣市真志喜4-2-1 🚗西原IC5km 💴免費入場 🕐遊泳期間4～10月、9:00～19:00（有季節性變動）🅟期間中無休 Ⓟ180輛

海上娛樂MENU
◎ 立槳衝浪
30分1000日圓起
◎ 潛水體驗
60分6000日圓起

（南部）

とよさきかいひんこうえん とよさきちゅらさんびーち

豐崎海濱公園 豐崎美麗SUN海灘

沙灘全長約700m的開放海灘，位於有沖繩平價精品購物城 ASHIBINAA（→P143）等設施、顯著發展的豐崎地區。離那霸機場近，方便回家前再去游個泳。特色是可遠眺行經上空的飛機和慶良間諸島。

☎098-850-1139（管理棟）
MAP 附錄P5A2 🏠 豐見城市豐崎5-1
🚗豐見城·名嘉地IC3km 💴免費入場
🕐開放游泳期間4～10月、9:00～18:00
（7·8月為～19:00）🅟期間中無休 Ⓟ800輛

海上娛樂 MENU
◎ 香蕉船
10分1500日圓
◎ 海上泛舟
30分2000日圓

1 縣內最大等級的人工海灘
2 拖曳氣墊 10分2000日圓

3
參加備受好評 的海洋之旅

以聞名全國為傲的海中婷婷景點
「藍色洞窟」為首，
逐一列出沖繩特有的人氣行程。
創造許多美好的回憶吧！

前往慶良間諸島、Nagannu島
當日來回的小旅行

從那霸搭船前往屬於慶良間諸島國立公園的Nagannu島需20分鐘。這裡被珊瑚礁包圍，海色極美，覆滿雪白的沙充滿跳脫日常之感。海上活動很多，更衣室、用餐區等施設也很完善。就來參加一趟當日來回的行程吧。

被珊瑚礁包圍的離島才有這樣的美景。
島上部分地區被指定為野鳥保護區

(那霸市區)　　　　　　在這裡可以體驗

かぶしきがいしゃとかしき
株式会社とかしき

Nagannu當日來回（海水浴）方案
◎ 費用／4200日圓（7〜9月為5800日圓附午餐）
◎ 所需時間／6小時
◎ 舉辦期間／4〜10月
◎ 舉辦時間／8:30、9:30、10:30出發
（4〜6月、10月僅9:30出發）
◎ 預約／最晚前一日　◎ 攜帶物品／不怕溼掉的服裝

☎098-860-5860　MAP附錄P15C2
🏠那霸市泊3-14-2 ❗️沖繩都市單軌電車美榮橋站步行15分　🕗8:00〜18:00　🄱無休 🅿️とまりん停車場300輛（頭1小時200日圓，之後每1小時100日圓）

在藍色 洞窟浮潛

藍色洞窟為開口在斷崖邊的半水中洞窟。在太陽光、白沙海底、透明度高的海水等種種自然條件的配合下而被神秘藍光包圍的洞窟，就用浮潛來體驗吧。

許多人為了滿溢藍光的洞窟而前來造訪

(西海岸度假區)　　　　　在這裡可以體驗

あいらんどくらぶ
アイランド倶楽部

**藍色洞窟浮潛＋
餵食熱帶魚浮潛**
◎ 費用／2000日圓起（符合所有折扣條件時）
◎ 所需時間／2小時30分
◎ 舉辦期間／全年
◎ 舉辦時間／8:00〜17:00（夏季為6:00〜）
◎ 預約／最晚前一日　◎ 攜帶物品／泳裝

☎098-963-0177
MAP附錄P20D1　🏠恩納村山田559（用カーナビ輸入地址）❗️石川IC 6km 🕗7:00〜22:00（電話服務）🄱無休
🅿️120輛

搭水中觀光船
乾乾爽爽地探訪海中

由於船艙在水中，所以能從潛水者的角度看到熱帶魚和珊瑚礁。出港後到抵達觀察點前就在甲板上享受航行之樂吧。

窗戶的另一邊就是海中。導覽員會進行熱帶魚等的解說。

(那霸市區)　　　　　　在這裡可以體驗

うえすとまりん
ウエストマリン

水中觀光船ORCA號
◎ 費用／3000日圓起
◎ 所需時間／50分〜1小時　◎ 舉辦期間／全年
◎ 舉辦時間／9:00、10:15、11:45、14:00、15:30出港
◎ 預約／需預約（如有空位可當日報名）
◎ 攜帶物品／易暈船者請準備暈船藥

☎098-866-0489
MAP附錄P15B3　🏠那霸市通堂町2-1ターミナルビル1F ❗️沖繩都市單軌電車旭橋站 步行 8 分 🕗9:00〜17:00 🄱無休（可能臨時停開）🅿️付費40輛

4

度假飯店的海上娛樂

如果你是「想體驗各種娛樂活動」的人，
那推薦你度假飯店。
在這裡介紹活動特別豐富的3間飯店。

拖曳傘 ——— Ⓐ

被船拉著的拖曳傘迅速升空，高度約30m。大海與天空的鮮明對比和飄浮感都帶來難以言喻的感動。

「ANA Inter Continental Manza Beach Resort」的拖曳傘60分7500日圓起（飛行約10分）

浮潛 ——— ⒶⒷⒸ

裝備呼吸管、面鏡和蛙鞋下海觀察。參加行程會有指導員帶去有魚的地點。

「Renaissance Okinawa Resort」的浮潛假期80分5400日圓

潛水體驗
——— ⒶⒷⒸ

即使沒有水肺潛水證照也能體驗，有經驗豐富的教練在一旁，初學者也不用擔心。試著近距離觀察五顏六色的珊瑚礁和魚兒們吧。

「Renaissance Okinawa Resort」的潛水體驗90分10800日圓

龍舟
（香蕉船）
——— ⒶⒷⒸ

被水上摩托車拉著在海面上奔馳的管狀船。左右急速迴轉，刺激感滿分！是任何人都可以體驗的輕鬆活動。

「沖繩殘波岬皇家度假大飯店」的龍舟10分1200日圓

〔西海岸度假區〕 ———— Ⓐ

えーえぬえーいんたーこんちねんたるまんざびーちりぞーと

ANA Inter Continental Manza Beach Resort

位於能遠眺風景名勝：萬座毛（→P136）的絕佳地點。在獲選為「快水浴場百選」之一的萬座海灘上準備了豐富的海上選擇。

☎098-966-1211 ᴹᴬᴾ 附錄P22D1
🏠恩納村瀨良垣2260 🚙屋嘉IC7km Ⓥ
免費入場 🕐全年開放游泳，9:00～17:00（有季節性變動）🈺無休 🅿500輛（1日500日圓起～）

海上娛樂 MENU
◎龍舟 10分1900日圓起～
◎水上摩托車 10分2900日圓起～
◎海底漫步 60分（在水中約10分）8900日圓起～

〔西海岸度假區〕 ———— Ⓑ

るねっさんすりぞーと おきなわ

Renaissance Okinawa Resort

網羅了40種以上的海上選擇，能與海豚接觸的海豚節目特別受歡迎。海灘外海上浮著Nirai Kanai島。

☎098-965-0707 ᴹᴬᴾ 附錄P20E1
🏠恩納村山田3425-2 🚙石川IC5km Ⓥ
入場費3240日圓（住客免費）🕐全年開放游泳，9:00～18:00（有季節性變動）🈺無休 🅿200輛

海上娛樂 MENU
◎香蕉船 10分1080日圓
◎水上飛板（初學者）30分7560日圓
◎海底漫步 60分5400日圓

〔西海岸度假區〕 ———— Ⓒ

おきなわざんぱみさきろいやるほてる

沖繩殘波岬皇家度假大飯店

飯店步行5分鐘就到的殘波海灘，是連當地客也能輕鬆造訪的開放海灘。由於被大珊瑚礁所包圍，海浪平穩，全家人一起去也很放心。

☎098-958-5000 ᴹᴬᴾ 附錄P21A1
🏠讀谷村宇座1575 🚙石川IC12km Ⓥ
免費入場 🕐開放游泳期間4～10月（活動為全年），9:00～18:00 🈺期間中無休 🅿540輛

海上娛樂 MENU
◎水上飛板 30分7500日圓
◎拖曳氣墊 10分1600日圓
◎由海人嚮導的玻璃船 30分1600日圓

廣闊的大海、天空、綠意……♪
在山原的大自然裡泛舟前進

山原 →

山原是擁有沖繩本島最大規模紅樹林的自然地區。
在紅樹林間行進的泛舟之旅，是能體驗山原生態盎然自然的推薦娛樂。

COMMENTED BY 伊東一洋 EDITOR

在紅樹林間前進，划
向寬廣的大海。水也
越來越藍，開放感超
群！

（ 山原 ）

やんばるしぜんじゅく

やんばる自然塾

**由對當地無所不知的導覽員帶領
參加"紅樹林泛舟"行程吧**

紅樹林是指熱帶及亞熱帶地區，生長在海水與淡水
交界半鹹水區的植物群落，慶佐次川下游地帶的紅
樹林是沖繩本島中最大規模的。雖然從周邊的步道
或瞭望台也可進行觀察，但專業導覽員帶領的泛舟
行程，更能生動詳盡地解說紅樹林的生態、生活在
其間的生物，甚至是當地的歷史文化等等。泛舟艇
即使初學者來划也不會翻覆，可以安全玩樂不用擔
心。

☎0980-43-2571 MAP附錄P10F3
🏠東村慶佐次82 🚶許田IC28km
▼慶佐次紅樹林3小時路線6000日圓
（1人參加時9000日圓），需預約
🕐8:00～18:00(櫃台)※僅滿潮時舉
辦行程，需洽詢 🈺元旦 🅿15輛

LET'S ENJOY

和自然融為一體
的感覺好開心

水果滲進疲憊
的身體裡♪

ばる自然塾

1 報名和更衣完畢後，會進行划槳等操船方法的講習，初學者也不用擔心 2 能近距離觀賞紅樹林，這裡有木欖、水筆仔、五梨跤等3種植物 3 行程結束後，吃個商家準備的甜點休息片刻 4 開始泛舟不到10分鐘就到達寬廣的紅樹林區，由於導覽員會用特別的話術詳細解說，眼前的一切都讓人很興奮

在這裡也可以體驗！

（山原）

やんばる.くらぶ
やんばる.クラブ

☎0980-43-2785 **MAP** 附錄P10F3
🏠東村慶佐次155 🚶許田IC28km ⛵紅樹林泛舟
2小時半路線6000日圓，需預約 🕐8:00〜20:00
※僅滿潮時舉辦行程，舉辦時間需洽詢 🚫無休
Ⓟ15輛

（山原）

とーたるあうとどあぷろでゅーす　あまんだまん
Total Outdoor Produce
あまんだまん

☎090-1179-5692 **MAP** 附錄P10F3
🏠東村慶佐次758-60 🚶許田IC28km ⛵紅樹林
泛舟主路線6000日圓，需預約（如有空位可當日報
名）🕐8:00〜日落 ※僅滿潮時舉辦行程，舉辦時
間需洽詢 🚫無休 Ⓟ20輛

發送由綠意和花朵點綴的和平
在平和祈念公園散步

在沖繩之戰結束的地方整頓出綠意盎然的公園。
讓不瞭解戰爭的我也不禁仔細思考和平多麼珍貴的地方之一。

COMMENTED BY　高良蘭　EDITOR

後方的紅瓦頂建築是沖繩縣平和祈念資料館，可閱覽約2100份居民眼中的沖繩之戰相關資料和觀賞立體模型展示

(南部)

へいわきねんこうえん
平和祈念公園

學習沖繩的悲劇歷史
祈願永遠的和平

在沖繩之戰結束的地點：摩文仁整頓出來的公園。寬廣的園區內除國立沖繩戰歿者墓園外，還有各縣的慰靈塔、碑，以及沖繩縣平和祈念資料館等等。國內外許多人不只是前來憑弔，這片綠意盎然、位於能遠眺大海一帶的公園，還被視為休憩的場所而受到喜愛。沖繩之戰被視為是一段不能被遺忘的歷史而繼續傳述下來，我想學習這段歷史加深對和平的願望。

參觀時間約 **60分**

☎098-997-2765　MAP 附錄P5C4
🏠糸滿市摩文仁　🚗豐見城・名嘉地IC15 km　💴免費入園(有付費設施)　🕗8:00～22:00(因設施而異)　🈺無休　🅿546輛

摩文仁之丘上肅然並列著國立戰歿者墓園和各縣的慰靈塔

CHECK POINT

おきなわへいわきねんどう
① 沖繩和平祈念堂

為象徵永遠和平的心願和對戰歿者的追悼而設堂。安置於此、高12m的沖繩和平祈念像，由本縣出身、已故的藝術家山田真山先生製作其原型。

☎098-997-3011
🏛入堂450日圓 🕐9:00～最後入堂17:00 ⓧ無休

へいわのひ
② 和平之火

在沖繩之戰中美國最初登陸地點阿嘉島採取的火，和廣島市「和平之燈」、長崎市「誓約之火」合為和平之火，為祈求永遠的和平而燃燒。

へいわのいしじ
③ 和平之礎

以和平廣場為中心、呈放射狀排列的刻銘碑，不分國籍和軍民，刻著沖繩之戰中身亡者的姓名。數目高達24萬人以上。

PLUS MORE

也去這裡一趟

想進一步學習沖繩之戰的歷史，
去平和祈念公園時也一併造訪姬百合之塔吧。

ひめゆりのとう・ひめゆりへいわきねんしりょうかん
姬百合之塔・姬百合和平祈念資料館

姬百合之塔為替沖繩師範學院女子部、沖繩縣立第一高等女學校師生組成的「姬百合學徒隊」鎮魂的慰靈碑。資料館中存放倖存者的證言影片等，傳達出戰爭的真相。

☎098-997-2100
MAP附錄P5B4 🏛糸満市伊原671-1 🚌豐見城・名嘉地IC11km ❤🕐ⓧ自由參觀（資料館入館費310日圓，9:00～17:00最後入館，無休）🅿利用周邊停車場100輛

1 塔前留有許多人喪命於此的戰壕 2 也有學徒隊活動過的陸軍醫院戰壕的立體模型

深入採訪 旅遊小筆記

令人好奇的 方言

だからよ～【ダカラヨ～】

意思

附和對方的用語，在標準語中意思接近「就是呀～」，但場合不同時也會有各種涵意。如果以臨走前烙話的語氣來說，對話就會持續不下去，令人困擾。也有許多相似語，例如「だからさぁ～」、「だっからよ～」、「だからね～」。

使用範例1

A：「這份工作好累哦～」

B：「（強調）だからよ～」

對於徵求對方同意的A，B表示強烈同意「的確是這樣！」

使用範例2

A：「肚子餓了呢。」

B：「だからよ～」

在表示同意的同時還能加上「想吃點東西」的意思

取材途中令人好奇的 奇遇

不會唸的巴士站名「保榮茂」

在難讀地名的寶庫——沖繩縣中宛如最後大魔王的就是這個。這個唸作「bin」。

なんじぃ

南城市當地的吉祥物。因為南城市的形狀是心型，所以鬍子部分是倒心型。語尾會加上「～nan」，洋溢著愛鄉情懷。

山原秧雞的標識

沿著山原道路而立的標識牌。提醒人們小心越來越多的山原秧雞交通事故。

令人好奇的人物 是何方神聖？

驚人的骨頭料理與血液料理

在沖繩就如同「除了叫聲之外都可以吃」這句話，豬的全身上下都會拿來料理。其中可稱之為終極的就是炒豬血チーイリチー（照片上方，久松食堂☎098-968-2987 MAP 附錄P8E2）和吸食大骨般食用的骨汁（照片下方，がじまる食堂☎098-936-5968 MAP 附錄P19C2），兩道菜的命名和外觀都很驚人，但在當地可是人氣料理。

燻海蛇

在那霸市第一牧志公設市場（→P94）周邊會看到卷成一團的漆黑物體，這就是燻海蛇（闊帶青斑海蛇）。泡水後用高湯燉煮，就完成了王朝料理海蛇湯！

本書作者的真心話
各式各樣的必遊景點複習

SPOT

沖繩美麗海水族館

古宇利島

國際通

首里城公園

港川外國人住宅街

說到沖繩觀光，首先就想到沖繩美麗海水族館（→P138）。鯨鯊悠游的大水槽擁有非看不可的魄力。至於時間點則推薦剛開館時，人比較少，水槽的水也比較乾淨。想和水族館一併去的古宇利島（→P14）又稱"戀之島"，是情侶們的聖地，非常受歡迎，距離約20km。沖繩最熱鬧的地方就是那霸市的國際通（→P98），全長約1.6km的路上擠滿伴手店，每天都像廟會一樣。週日的12～18時化身行人徒步區，是最適合觀光的時機。同樣在那霸，還有至今仍述說著琉球王國榮華的首里城公園（→P132）也是超必遊景點。屋頂和牆壁都是炫目的朱色，異國之美令人陶醉！沖繩時髦女性去的地區港川外國人住宅街（→P46）最近也很受歡迎，距國際通一帶距離約8km。

FOOD

沖繩麵　沖繩炒苦瓜　五花肉　島嶼蔬菜料理　善哉

不是烏龍麵、不是拉麵，也不是蕎麥麵，這種神奇的麵料理是沖繩麵（→P60）。配料與湯頭的種類豐富，1人份的量也不算多，多吃幾家尋找自己喜歡的口味也是一件樂事。晚飯就去沖繩料理一應俱全的居酒屋（→P76），請務必配著ORION啤酒和泡盛品嘗沖繩炒苦瓜等道地滋味。也別忘了五花肉！在本島可能還不太熟悉，但用泡盛和黑糖將豬肉細心燉煮出的上等美食，加上曾經是宮廷料理，便能讓人接受。在女性間受歡迎的是使用島紅蘿蔔、島蕗蕎的島嶼蔬菜料理（→P70）。礦物質豐富，味道濃郁，說不定還有健康跟美容的效果！？飯後甜點務必來碗善哉（→P54）♪甜紅豆蓋上滿滿刨冰的當地甜食，要注意它不是年糕紅豆湯那一型的。

SOUVENIR

金楚糕　紅芋塔　沖繩開口笑　泡盛　陶器

過去是王朝甜點，如今是長銷型的沖繩伴手禮：金楚糕。隨著時代而有標準長條型或圓形等各種類登場。伴手禮店和超市（→P95）等許多地方都有賣。御菓子御殿（→P98）的元祖紅芋塔是紅芋甜點的先驅，用烤箱稍微加熱後更美味，請務必試看。說到平民點心就是沖繩開口笑（→P94），這種像是圓形甜甜圈的甜食，剛炸好的不用說，就算放涼了也美味。晚酌不可或缺的泡盛也是送給愛酒人的絕佳伴手禮。無論哪一種在國際通（→P98）都是種類俱全。再來，在沖繩工藝品中陶器是固定面孔。擁有400年歷史，最近有許多不受傳統束縛的作品。陶器之里（→P108）或那霸的壺屋やちむん通（→P102）有許多間工作坊，尋找陶器也是樂事一件。

/ 區域別 /

STANDARD SPOT CATALOG

必遊景點目錄

CONTENTS

依照各區域介紹
想去一次
的必遊觀光景點、
好評美食店等資訊。

詳細交通資訊請見 P151 〉

那霸・首里

NAHA・
SHURI

STANDARD
SPOT
CATALOG

1 以中國紫禁城為模型的正殿。處處可見唐破風等日本的建築樣式 2 立於城墎外的守禮門，也獲採用為2000日圓鈔票的圖案 3 園比屋武御嶽石門，為參拜門後方的一方聖地而建，是世界遺產 4 坐鎮正殿兩側的大龍柱

横跨450年，極盡榮華
琉球王國的壯麗城堡

👆 觀光

（首里）

首里城公園
しゅりじょうこうえん

自1429年後約450年間，作為琉球王國的中樞而興盛繁榮的國王居城。在昭和20年（1945）的沖繩之戰中焚毀，於1992年復原公開正殿等處。2000年，以首里城跡之名登錄為世界文化遺產。

☎098-886-2020（首里城公園管理中心）
MAP附錄P31C2 🏠那霸市首里金城町1-2 🚶進入付費區域的沖繩都市單軌電車首里站步行15分 💴入園費820日圓 🕐付費區域8:30～18:00（免費區域為8:00～18:30）※有季節性變動 休7月的第1週三及翌日 Ｐ116輛（2小時內320日圓）

玉陵
たまうどぅん
首里

観光

琉球王國第3代國王：尚真王為改葬父親尚圓王的遺骨而於1501年建造，此後成為王族代代的陵墓。模仿宮殿的構造擁有符合陵墓的厚重外觀，已登錄為世界遺產。

☎098-885-2861 MAP 附錄P31B2
🏠那霸市首里金城町1-3 🚃沖繩都市單軌電車儀保站步行15分 ⏰入園費300日圓 ⏰9:00～18:00※最後入園為30分鐘前 🈺無休 🅿無

1 切割天然岩山建造出的墳墓。左邊照片為坐鎮墓塔上方的獅子像

識名園
しきなえん
真地

観光

1799年興建的別墅，用於讓王家休養或接待來自中國的使者，為世界遺產。有建造了六角堂和石橋的迴遊式庭園、美麗紅瓦的御殿等等。試著一面散步一面接觸琉球文化吧。

☎098-855-5936 MAP 附錄P14E4
🏠那霸市真地421-7 🚗那霸IC2km ⏰入園費400日圓 ⏰9:00～18:00(10～3月為～17:30)※最後入園為閉園30分鐘前 🈺週三(逢假日則翌日休) 🅿62輛

1 隨處可見中國的建築樣式。左邊照片為御殿

沖繩縣立博物館・美術館
おきなわけんりつはくぶつかん・びじゅつかん
おもろまち

観光

由介紹沖繩歷史與文化的博物館、以沖繩相關作家的作品為中心展示的美術館兩者組成的文化設施。在博物館內有接觸體驗室，可使用體驗組來愉快地學習沖繩方言等等。

☎098-941-8200 MAP 附錄P15C2 🏠那霸市おもろまち3-1-1 🚃沖繩都市單軌電車おもろまち站步行10分 ⏰博物館入館費410日圓、美術館入館費310日圓(特展另計) ⏰9:00～17:30最後入館(週五、週六為～19:30最後入館) 🈺週一(逢假日則翌日休)※可能變動 🅿140輛

1 移建至室外展示場的高倉(照片左前方)

T Galleria by DFS,Okinawa
てぃーぎゃらりあ おきなわ
ばい でぃーえふえす
おもろまち

購物

集合超過130種國外品牌，國內唯一開在大街上的免稅商店。最新流行服飾不在話下，還大量網羅了美妝品、葡萄酒&洋酒、DFS限定商品和國內未發售商品。享受買到賺到的品牌之旅。

☎0120-782-460 MAP 附錄P26F1
🏠那霸市おもろまち4-1 🚃沖繩都市單軌電車おもろまち站即到 ⏰9:00～21:00(週五～週日、假日為～22:00)※因季節、店鋪而異 🈺無休 🅿400輛

1 有直通おもろまち站的入口十分便捷

中城城跡
北中城村
なかぐすくじょうあと
👆觀光

15世紀中葉，武將護佐丸為了保護首里城免受來自勝連城的威脅而改建的城跡。巧妙施以強度與耐久度優越的野面砌、布砌和相方砌等3種砌石法的城牆，具有珍貴的歷史價值。為世界遺產。

☎098-935-5719 附錄P6E2
🏠北中城村大城503 🚗北中城IC4km ¥入場費400日圓 ⏰8:30〜17:00最後入場（5〜9月為18:00最後入場）休無休 P50輛

1 許多遺跡如今仍然存在。左邊照片是利用天然岩石建造的城牆

勝連城跡
宇流麻市
かつれんじょうあと
👆觀光

15世紀左右築城，15世紀阿麻和利當上城主，靠海外貿易使之繁榮。位於海拔約100m的孤丘上，最高點可環視360度大全景。已登錄為世界遺產。

☎098-978-7373（勝連城跡休憩所）
附錄P8D4 🏠うるま市勝連南風原3908 🚗沖繩北IC10km 🅟L🅗🅟自由參觀（休憩所為9:00〜18:00，物產店為〜17:00）P42輛

1 亦被稱為沖繩版"天空之城"的御城，有免費的導覽服務（需預約）

永旺夢樂城沖繩來客夢
北中城村
おきなわらいかむ
👆玩樂

2015年開幕的沖繩第一間AEON MALL。地上5層樓的館內約有235間店鋪，也有熱帶魚悠游的水族箱。從豐富的美食街到1天舉辦2次活動的舞台都非常完善。

☎098-930-0425 附錄P18D3
🏠北中城村アワセ土地区画整理事業地内4街区 🚗沖繩南IC2km ⏰10:00〜22:00（因店而異）休無休 P4000輛

1 栽種著南國植物，度假感超群。左邊照片是挑高具開放感的館內

宜野灣海濱公園熱帶海灘
宜野灣市
ぎのわんかいひんこうえん
👆玩樂

名符其實充滿南國氣氛的海灘。從那霸開車約20分鐘，雖然在市區內卻能享受到度假的感覺，因此很受本地客及觀光客的歡迎。延伸至海面上的步道前端有處瞭望所，從那裡放眼望去的絕景也是非看不可。

☎098-890-0881（Tropical house）
附錄P17B2 🏠宜野湾市真志喜4-2-1 🚗西原IC5km ¥免費入場 ⏰開放游泳期間4〜10月的9:00〜19:00（可能變動）休期間中無休 P180輛

1 海邊可以烤肉。左邊照片中以彩虹為形象的拱門也令人印象深刻

STANDARD SPOT CATALOG

タコス専門店 メキシコ
（宜野湾市）

🍴 用餐

菜單上只有塔可！30年來受到顧客喜愛的人氣店，塔可從墨西哥薄餅到醬料全部非常講究。味道的關鍵：肉類雖看似簡單，但鹹淡適中，有許多愛好者遠道而來。

☎098-897-1663　MAP 附錄P16D1
🏠宜野湾市伊佐3-1-3　🚃北中城IC4km　🕙10:30
～21:00　休週三、第4週二
💺30　P5輛

① 塔可（4P）500日圓，和手作莎莎醬搭配得天衣無縫。左邊照片是洋溢多國氣氛的店內

美濱 美國村
（北谷町）

👆玩樂

沖繩最棒的娛樂景點 引人注目的異國氛圍街道

位於北谷町西側的購物區。以有10棟左右大樓聚集的「Depot Island」為首，集合了數間娛樂設施、電玩中心、飯店和海灘。由於鄰近美軍基地，外國客人也多，十足異國情調也是魅力之處。

☎098-926-5678（北谷町觀光協會）
MAP 附錄P19B3　🚃沖縄南IC6km
🕙因店而異　P町營免費停車場1500輛

① CARNIVAL PARK MIHAMA的紅色摩天輪是地標，Depot Island，房子的牆面彩繪裝飾五顏六色，令人印象深刻，網羅了舶來品與沖繩美妝品等商店。

BLUE SEAL 牧港本店
（浦添市）

☕咖啡廳

昭和23年（1948）創業。生於美國、長於沖繩的冰淇淋店。口味從固定種類到季節限定約有30種，紅芋等沖繩口味也值得參考。有聖代和漢堡等，餐點豐富。

☎098-877-8258　MAP 附錄P17B3
🏠浦添市牧港5-5-6　🚃西原IC5km　🕙9:00～翌
1:00　休無休　💺96　P50輛

① 分量紮實、可挑選自己喜歡的冰淇淋，美國星期天600日圓。左邊照片中的大冰淇淋霓虹燈是他們的標誌

STANDARD SPOT CATALOG

讀谷村

座喜味城跡
ざきみじょうあと

👆 觀光

15世紀初期，由稱為名築城家的武將：護佐丸建造的御城。端整的石砌城牆、畫出一條優美曲線的拱門和防禦敵襲的構造等具有優越的機能性。從城牆可將東海盡收眼底也是迷人之處，為世界遺產。

☎098-958-3141（讀谷村立歷史民俗資料館）
🗺附錄P21C3 🏠讀谷村座喜味708-6 🚗石川IC15km ⏰🗓休自由參觀 🅿36輛

1 據傳為沖繩最古老的拱門。由於位在海拔120m的丘陵上，可欣賞廣大的藍海絕景

讀谷村

殘波海灘
ざんぱびーち

👆 玩樂

鄰近殘波岬、許多當地客聚集的休閒海灘。由於被大珊瑚礁環繞，海浪相對平穩。由沖繩殘波岬皇家度假大飯店（→P123）管理，龍舟10分鐘1200日圓等活動也很充實。

☎098-958-3833 🗺附錄P21A1
🏠讀谷村宇座1933 🚗石川IC14km 💰免費入場 ⏰開放游泳期間4~10月9:00~18:00（活動為全年）🗓期間中無休 🅿80輛

1 海灘位於殘波岬西側。左邊照片中的立漿衝浪30分鐘1600日圓

恩納村

萬座毛
まんざもう

👆 觀光

位於面向東海、高約20m的斷崖絕壁上，為沖繩首屈一指的風景名勝。從10分鐘可繞一圈的步道上能將大海和形似象鼻的奇岩盡收眼底。以能欣賞到美麗夕陽的日落景點聞名。

☎098-966-1280（恩納村商工觀光課）
🗺附錄P23C1 🏠恩納村恩納 🚗屋嘉IC7km ⏰🗓休自由參觀 🅿40輛

1 遠眺透明度高到幾乎可直接看見海底珊瑚礁的美麗大海。左邊照片中，天色暗下來之後的奇岩影子更加令人印象深刻

讀谷村

体験王国
むら咲むら
たいけんおうこく むらさきむら

✏ 體驗

重現紅瓦屋等琉球王國時代街道的園區提供多達101項體驗課程，可學習陶器製作、琉球玻璃、沖繩空手道等傳統工藝與文化。附設重建武家宅邸的餐廳。

☎098-958-1111
🗺附錄P21A3 🏠讀谷村高志保1020-1 🚗石川IC15km 💰入場費600日圓 ⏰9:00~18:00（部分體驗20:00最後受理）🗓無休 🅿300輛

【體驗DATA】
費用 陶器體驗2500日圓（所需約20分）／吹玻璃體驗2052日圓起（所需約5分以上~）／沖繩空手道2575日圓（所需約1小時※需預約）／哎薩舞體驗1620日圓（所需約1小時※4人以上需預約）

STANDARD
SPOT
CATALOG

琉球村
りゅうきゅうむら

（恩納村）　體驗

①

園內重現琉球王朝時代的聚落，林立著由縣內各地移建而來的紅瓦老民房，在三線音色的陪伴下時間悠悠流動。能享受琉球舞蹈、民謠與哎薩舞的參與型街道「ジュネー（遊行）」也很受歡迎。

☎098-965-1234　🏠 恩納村山田1130🚗石川IC5km　💴入場費1200日圓（含龜殼花秀的觀賞費）🕐8:30～17:30（17:00最後入場）※7～9月為9:00～18:00（17:30最後入場）🈳無休 🅿約200輛

體驗DATA

費用 正統琉裝體驗4000日圓（更衣時間約20分，園內散步1小時，附照片一張）／手提迷你風獅爺2200日圓（所需約1小時）※需在體驗前1日16時前預約

ビオスの丘
びおすのおか

（宇流麻市）　體驗

①

廣大的園區內再生沖繩原本的自然環境。有超大盪鞦韆、搭乘遊湖湖水觀賞舟及水牛車的園區遊覽，充滿各種娛樂。還可與山羊或豬等動物近距離接觸。也有簡餐和販賣部，在這裡好好玩上一整天吧。

☎098-965-3400　🏠 うるま市石川嘉手苅961-30　🚗石川IC7km　💴入園費710日圓（入園＋湖水觀賞舟為1230日圓）🕐9:00～17:00最終入園　🈳無休 🅿130輛

體驗DATA

費用 湖水觀賞舟600日圓（所需約25分）／水牛車780日圓（所需約25分）／皮革工藝製作體驗1080日圓（所需約30分以上）／玩具製作540日圓（所需約20分以上）

部瀬名海中公園
海中展望塔・
玻璃底遊艇
ぶせなかいちゅうこうえん
かいちゅうてんぼうとう
ぐらすぼーとぼうと

（名護市）　體驗

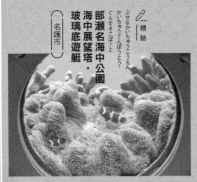

位於部瀬名岬的突出端，沖繩唯一的海中展望塔。從設置於展望區的24面窗窗，可觀察到水深4～5m處的珊瑚礁和亞熱帶魚群。附近的碼頭有鯨魚型的玻璃底遊艇（所需約20分）啟航。

☎0980-52-3379　🏠 名護市喜瀬1744-1 🚗許田IC3km　🕐9:00～17:30最後入場（11～3月為17:00最後入場）🈳無休 🅿200輛

體驗DATA

時間 玻璃底遊艇的航班為首班9:10至末班17:30之間每小時的10、30、50分（11～3月為17:00末班）費用 海中展望塔1030日圓／玻璃底遊艇1540日圓／海中展望塔＋玻璃底遊艇2060日圓

おんなの駅
なかゆくい市場
おんなのえきなかゆくいいちば

（恩納村）　購物

①

大量網羅了島嶼蔬菜、海產等恩納村特產和當季食材。攤販型的店鋪販售墨魚汁雜炊飯糰2個150日圓、泡泡熱狗250日圓、琉球烤甜甜圈110日圓等可輕鬆享用的當地美食。

☎098-964-1188　📍附錄P20F1　🏠 恩納村仲泊1656-9 🚗石川IC4km　🕐10:00～19:00　🈳無休 📷120 🅿150輛

① 有各店共用的內用區，最適合在兜風途中小憩片刻。還會舉辦收穫祭和現場表演

STANDARD
SPOT
CATALOG

1

2

3

1 水族館最受矚目
的「黑潮之海」，
以鯨鯊和鬼蝠魟為
首，展示約70種
類16000隻的生物
2 「熱帶魚之海」
重現珊瑚礁海域 3
室外的「オキちゃ
ん劇場」每天4~5
次由海豚展現生動
的技藝 4 入口處
的紀念雕像是人氣
攝影點

**沖繩近海的海洋生物前來迎接
鯨鯊也很值得注目**

完美重現從淺灘到水深700m左右的沖繩
之海。以世界最大等級的水槽「黑潮之
海」為首、77個大小水槽的展示和解說
節目介紹了各式各樣的海洋生物。室外還
有供免費欣賞海豚表演的設施。

👆
觀光

お きなわちゅらうみすいぞくかん

沖繩
美麗海水族館

（本部町）

☎0980-48-3748 **MAP**附錄P25A1 🏠本部町石川
424（海洋博公園內）🚩許田IC27km 💴入館1850
日圓（16:00~入館費1290日圓）🕗8:30~18:30(3
~9月為~20:00)※最後入館為閉館前1小時 🅿12
月的第1週三及翌日🅿海洋博公園內停車場約1400
輛（離水族館最近的停車場為P7停車場）

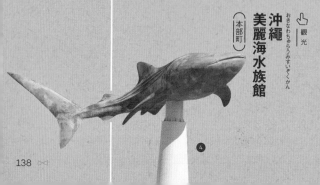

4

ガーデンレストラン&カフェ 美らテラス

遊覧

名護市

古宇利大橋靠近屋我地島側的複合設施。洋溢南國風情的建地內林立著輕食店、商品店和餐廳。有1小時約800日圓起的出租自行車，還有空著手就能享用的BBQ2500日圓，似乎能度過一段充實的時光。

☎0980-52-8082　MAP附錄P24E2
🏠名護市濟井出大堂1311　🚗許田IC21km
🕙10:00～18:00　休不定休
🅿50輛

① 商店環繞著中庭，映襯著藍天的紅瓦屋頂帶來度假感。去古宇利島時也一併造訪吧

今歸仁城跡

觀光

今歸仁村

北山是在琉球王國建立（1429年）之前，統治沖繩本島北部的國家，此城跡則以盛極一時的北山王城之名登錄為世界遺產。主城中有建築物的基石和祭祀火神的祠堂，現在也是信仰中心，並且是著名的賞景點。

☎0980-56-4400(今歸仁城交流中心)
MAP附錄P25C1　🏠今歸仁村今泊5101　🚗許田IC30km　💴入場費400日圓
🕙8:00～19:00(冬季為～18:00)　休無休　🅿320輛

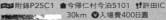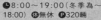

① 城牆全長約1.5km。如左邊照片所示，城堡正門左右開有看守用的窺視孔

瀨底島

觀光

本部町

周長約8km的島嶼，與本部半島以瀨底大橋相連。島內還留著自古以來的聚落，彌漫著懷舊氣氛。透明度高的瀨底海灘可以常看到熱帶魚，也是個很受歡迎的浮潛地點。

☎0980-47-3641(本部町觀光協會)
MAP附錄P25A3　🏠本部町瀨底　🚗許田IC23km
💴🕙休自由參觀　🅿有停車空間

① 從瀨底海灘也能看見水納島的島影。渡過左邊照片中的瀨底大橋，享受小型島嶼之旅的氣氛

ORION HAPPY PARK

觀光

名護市

沖繩的啤酒工廠，可在導覽員的解說下參觀ORION啤酒的製造過程，參觀後還能試喝。附設販售原創商品的商店與餐廳，充分享受ORION啤酒的魅力。

☎0980-54-4103　MAP附錄P11C3
🏠名護市東江2-2-1　🚗許田IC5km　💴免費參觀
免費參觀9:00～18:00(參觀為9:20之後※所需約60分)，餐廳10:00～18:30LO　休無休　🅿20輛

① 以影片介紹原料和發酵時的情況

AREA
美麗海水族館周邊
CHURAUMI SUIZOKUKAN SHUHEN

STANDARD SPOT CATALOG

美麗海水族館周邊

STANDARD SPOT CATALOG

翡翠海灘
えめらるどびーち

本部町　👆玩樂

位於海洋博公園內，從沖繩美麗海水族館（→P138）步行可達。有「遊樂沙灘」、「眺望沙灘」和「休憩沙灘」三個沙灘，以能同時供3000人戲水的廣大面積為傲。水質清澈，也受到快水浴場百選的肯定。

☎0980-48-2741（海洋博公園管理中心）
📍附錄P25A1　🏠本部町石川424　🚗許田IC27km　💰免費入場　🕐開放遊泳期間4~10月的8:30~19:00（10月為~17:30）　🈶期間中無休　🅿約1400輛

❶ 整個期間駐有護理人員。從海灘上可看見伊江島

名護鳳梨公園
なごぱいなっぷるぱーく

名護市　👆玩樂

主題是沖繩的代表水果；鳳梨。園內種植了多達100種的鳳梨與它的夥伴們，可搭自動駕駛的車子「鳳梨號」周遊。也有鳳梨釀酒所和特產伴手禮店。

☎0980-53-3659　📍附錄P24D4
🏠名護市為又1195　🚗許田IC11km　💰入場費600日圓　🕐9:00~18:00（受理搭乘鳳梨號~17:30）　🈶無休　🅿200輛

❶ 栽種食用和觀賞用的鳳梨。左邊照片是可觀賞亞熱帶植物的熱帶庭園

名護自然動植物公園
ねおぱーくおきなわ

名護市　👆玩樂

以自然狀態飼養、栽種100種以上中南美洲等熱帶地區的動植物。可近距離觀賞火鶴和大羊駝等生物。以4分之3的尺寸重現曾經在沖繩大地奔馳的沖繩輕便鐵道也很引人注目。

☎0980-52-6348　📍附錄P24E4　🏠名護市名護4607-41　🚗許田IC11km　💰入園費660日圓（入園＋沖繩輕便鐵道車票為1100日圓）※費用可能隨活動變動　🕐9:00~17:30（最終入園17:00）　🈶無休　🅿533輛

❶ 輕便鐵道在園內繞行一圈約20分鐘

今歸仁の駅
そーれ
なきじんのえき

今歸仁村　🛍購物

大量網羅今歸仁村特產的產地直銷設施。除了農產品之外，用熟食和芒果、鳳梨等當地農產品製作的果醬350日圓起等加工品也一應俱全。在附設的食堂裡，使用今歸仁村新鮮蔬菜的定食很受歡迎。

☎0980-56-4940　📍附錄P24D2
🏠今歸仁村玉城157　🚗許田IC20km　🕐9:00~18:00　🈶週一　🅿20輛

❶ 網羅多樣商品如苦瓜佃煮80克350日圓（前方）等。僅由居住在今歸仁村的女性所經營

邊戶岬
へどみさき
國頭村
👆觀光

位於沖繩本島最北端，由隆起的珊瑚礁懸崖形成的岬。天氣好時甚至能看到遠在28km外屬於鹿兒島縣的與論島。從岬的前端看去，海浪兇猛地打在岩礁上的景象很有氣勢。

☎0980-41-2101（國頭村企畫商工觀光課）
MAP 附錄P12E1 🚗国頭村辺戸 🚶許田IC57km
💰⏰休自由參觀 🅿47輛

① 由斷崖絕壁望去的風景十分爽快。有步道通往岬的前端，前端立著祖國復歸鬥爭紀念碑

茅打斷崖
かやうちばんた
國頭村
👆觀光

從海拔80m的懸崖可遠眺深綠色的群山和東海，是山原的觀景點代表。目前由南邊過去的道路正在封閉（預計至2017年3月底），因此請由邊戶岬的方向繞過去。

☎0980-41-2101（國頭村企畫商工觀光課）
MAP 附錄P12E1 🚗国頭村宜名真 🚶許田IC55km
💰⏰休自由參觀 🅿22輛

① 由瞭望所看去，美麗澄澈的東海盡收眼底。涼亭和廁所設備完善，不用擔心

大石林山
だいせきりんざん
國頭村
👆觀光

約2億年前的石灰岩層隆起形成的森林，自古以來就被奉為聖地。隨處皆是奇岩與巨大細葉榕等生氣勃勃的景色。也有咖啡廳，使用自然生長的野草做成的安須杜披薩1000日圓等餐點十分受歡迎。

☎0980-41-8117 MAP 附錄P12E1
🚗国頭村宜名真1241 🚶許田IC56km 💰入場費
820日圓 ⏰櫃檯9:00～17:00
（10～3月為～16:00）休無休
🅿80輛

① 路線上的焦點：悟空岩。左邊照片是日本最大棵的御願細葉榕

比地大瀑布
ひじおおたき
國頭村
👆觀光

以沖繩本島最大落差與水量為傲的比地大瀑布，是人氣登山景點。通往瀑布約1.5km的路線整頓得易於步行，可觀察棲息在山原裡各式各樣的動植物，充分享受大自然。

☎0980-41-3636（比地大瀑布露營場）
MAP 附錄P12D3 🚗国頭村比地781-1 🚶許田IC4
0km 💰入場費500日圓
⏰9:00～16:00（11～3月為～
15:00）休無休（天候不佳時封閉）🅿120輛

① 豪爽流洩的瀑布魄力十足。推薦在左邊照片中水流平穩的比地川遊玩

STANDARD SPOT CATALOG

齋場御嶽
せーふぁうたき
南城市
👆観光

留有琉球創世神相關傳說的聖地。在琉球王國時代還會舉行國家級的儀式，如國王參拜或主掌祭祀的神女的就任儀式等。到處皆有祭拜所，許多人會前來參拜。

☎098-949-1899(綠の館・セーファ) 🗺附錄P4F2 🏠南城市知念久手堅 🚗南風原北IC17km ¥入場費300日圓 🕙9:00～18:00(最後受理17:15)

🈺2017年為5月26～28日、11月18～20日 🅿南城市地域物產館、知念岬公園停車場150輛

1 祭拜所三庫理。左邊照片為資料館「綠の館・セーファ」

Nirai橋・Kanai橋
にらいばし・かないばし
南城市
👆観光

將高低差約80m的斷崖上下相連的橋梁。由於畫出一條大弧線的特殊構造，將全長1.2km的路線上看見的絕景，認為是南部第一的呼聲頗高。從橋的上部往下走，有種朝著大海與天空前進的感覺。

☎098-948-4660(南城市観光協會) 🗺附錄P4F2 🏠南城市知念 🚗南風原北IC19km ¥🕙🈺自由通行(除了瞭望所外禁止停車或臨停) 🅿無

1 隧道上的瞭望所位於頂端附近，可遠眺橋的全景。穿過左邊照片的隧道後是一片絕景

知念岬公園
ちねんみさきこうえん
南城市
👆観光

包圍在大自然中的絕美景點，眼下開展著大海與森林的綠意。瞭望台上有紅瓦頂的涼亭，能悠閒享受眼前的景色。步道整頓完善，可安心帶著幼童前去。真想一邊沐浴著舒服的海風一邊散步。

☎098-948-4611(南城市観光協會) 🗺附錄P4F2 🏠南城市知念久手堅 🚗南風原南IC17km ¥🕙🈺自由參觀

🅿150輛(22:00前×六日除外)

1 珊瑚藍大海與綠意的對比十分美麗。附設左邊照片中的南城市地域物產館

Gangara山谷
がんがらーのたに
南城市
👆観光

在數十萬年前鐘乳石洞崩塌地點上擴展開來的亞熱帶森林。這裡星羅棋布著聖域和古人遺跡等神秘景點。和行程導覽員一起在遠古的世界裡散步吧，一定要看看估計樹齡超過150年的大主細葉榕。

☎098-948-4192 🗺附錄P4D3 🏠南城市玉城前川202 🚗南風原南IC6km ¥行程參加費2200日圓 🕙電話受理9:00～18:00，行程舉辦時間10:00・12:00・14:00・16:00(所需約1小時20分) 🈺無休 🅿30輛

1 位在洞窟內的CAVE CAFE。左邊照片為大主細葉榕

STANDARD SPOT CATALOG

沖繩世界（文化王國・玉泉洞）
おきなわわーるど（ぶんかおうこく・ぎょくせんどう）

南城市

玩樂

① 以沖繩歷史、文化及自然為主題的設施。國內最大等級鐘乳石洞「玉泉洞」、重現琉球王國街道的文化體驗區「王國村」等等，充滿了沖繩的魅力。也推薦傳統的蟲殼花秀和工藝體驗。

☎098-949-7421 MAP 附錄P4D3 🏠南城市玉城前川1336 🚃南風原南IC6km ♥全線自由搭乘的巴士1650日圓（僅玉泉洞&王國村1240日圓；王國村、毒蛇博物館公園各620日圓）🕘9:00～18:00（最後受理17:00）休無休 ℗400輛

① 可免費觀賞魄力滿點的超級哎薩舞！

沖繩平價精品購物城 ASHIBINAA
おきなわあうとれっともーるあしびなー

豐見城市

購物

① 集合約100種國內外人氣品牌的購物區，除了能以合理價格便宜買到一流品牌外，設施與那霸機場間還有（付費）接駁車變得更加便利，有許多觀光客造訪。

☎098-891-6000 MAP 附錄P5B2 🏠豐見城市豐崎1-188 🚃豐見城・名嘉地IC4km 🕘10:00～20:00（餐廳為～20:30）休無休 ℗1000輛

① 泳裝、包包等品項豐富，正版商品大致都能以2折至7折購入，非常划算

公路休息站 いとまん
みちのえきいとまん

糸滿市

購物

① 位於日本最南端、以縣內最大等級為傲的公路休息站。由3個區域組成，包括網羅當地美食和糸滿市特產品的「糸滿市物產中心遊食來」、和販售近海捕捉海鮮的「魚中心」等，各式各樣的商品的一應俱全。

☎098-987-1277（情報館）MAP 附錄 P5B3 🏠糸滿市西崎町4-20-4 🚃豐見城・名嘉地IC6km ♥資訊服務櫃檯9:00～18:00，其他依設施而異 休無休 ℗290輛

① 附設方便在糸滿觀光的資訊館。也有美食區和BBQ餐廳

琉球玻璃村
りゅうきゅうがらすむら

糸滿市

購物

① 玻璃工作坊，可參觀琉球玻璃製作過程以及體驗原創玻璃製作1620日圓起。隔壁的玻璃專賣店販售古典杯864日圓起，及泡花見玻璃杯1404日圓等色彩鮮艷的玻璃製品。

☎098-997-4784 MAP 附錄P5B4 🏠糸滿市福地169 🚃豐見城・名嘉地IC10km ♥免費入場 🕘9:00～18:00（玻璃製作體驗為11:00～・14:00～・16:00～※需預約）休無休 ℗60輛

① 從碟子到玻璃杯，網羅各式商品的玻璃專賣店

南國情調滿點♪
窩在度假飯店裡

客房、美食及SPA都充滿南國情調的度假飯店，
一整天待在裡頭哪裡都不去，真是美夢一般的空間♪

COMMENTED BY 吉永小百合 WRITER

1 主餐廳「Fanuan」
提供使用縣產食材的歐
陸料理 2 還準備了使
用沖繩香草的身體療程
3 「豪華天然海景
房」的客房景觀宛如繪
畫一般 4 海灘上的活
動也很豐富

（　西海岸度假區　）

ザ・ブセナテラス

The Busena Terrace

在大自然的露台中實現頂極住宿

露天型的客房和大廳，無論在哪裡都能感受到
與自然融為一體。以24小時管家服務為代表
的高品質款待頗受好評。各式各樣的餐廳、室
內外游泳池等設施充實也是魅力之一。

☎0980-51-1333 MAP附錄P11B4
🏠名護市喜瀨1808 🚗許田IC5
km P350輛

豪華天然海景房
1泊附早餐…22680日圓起～
IN/OUT…14:00/11:00
客房…410間 餐廳…8間

（　中部　）

ココ　ガーデンリゾート　オキナワ

CoCo Garden Resort Okinawa

在舒壓服務中享受最幸福的時刻

小山丘上被南國花朵包圍的度假小屋。使用朱
槿和台灣香檬等沖繩天然食材的「CoCo
SPA」特別受到好評。在皆附陽台的包廂沙龍
裡，享受高品質的舒壓服務。

1 開放感十足的花園游
泳池 2 在私人陽台享
受「CoCo SPA」的足
浴 3 「レストラン　マカ
ンマカン」餐廳的現做
飲茶人氣十足 4 氣氛
沉靜的花園豪華雙床房

☎098-965-1000
MAP附錄P9C2 🏠うるま市石川伊
波501 🚗石川IC3km P40輛

花園雙床房1泊附早餐…12500日
圓起～
IN/OUT…14:00/11:00
客室…96間 餐廳…1間

1 法式飯館「Verdemar」的早餐吃到飽 2 宛如融合沖繩與南歐的中庭與戶外游泳池 3 融入豐富自然色彩的高級雙床房 4 彷彿誤入異國的迴廊

西海岸度假區

オテル日航アリビラ

Alivila日航度假飯店

有如置身國外般的非日常住宿

西班牙殖民地風的外觀、迴廊與中庭,完全像是南歐的度假村。大量使用當地食材的餐廳、自然採光的南國度假村舒壓池,一定會帶來充實的一天。

☎098-982-9111
MAP 附錄P21A2 ♠読谷村儀間600 ¶石川IC13km P250輛

高級雙床房1泊附早餐…23760日圓起～
IN/OUT…14:00/11:00
客房…396間　餐廳…5間

山原

JAL プライベートリゾートオクマ

JAL Private Resort Okuma

在山原大自然的環繞下,開放感滿點

在分布於廣大建地內的小屋&別墅裡度過放鬆的一天。遠眺海洋的大浴池和芳療沙龍等舒壓場所自不在話下,充分享受山原寶貴大自然的環保旅行和海上娛樂也不少。

☎0980-41-2222
MAP 附錄P12D3 ♠国頭村奥間913 ¶許田IC34km P150輛(每回住宿500日圓)

1泊2食…18000日圓～
IN/OUT…14:00/11:00
客房…184間　餐廳…6間

1 廣大的飯店區域和Okuma海灘都開放感十足 2 飯店區域內也有吊床能悠閒地放鬆 3 在餐廳「BEACH SIDE」邊看海邊享用BBQ 4 主木屋裡的豪華型客房

如果是第2次去沖繩旅行
就享受如日常生活般的民宿

紅瓦屋頂、觀賞庭院的緣廊、壁鐘……，棉被自己舖、浴室要走到離屋，
雖然沒有飯店那麼方便，但在這裡就像已經住了好久一樣放鬆。

COMMENTED BY 高良蘭 WRITER

美麗海水族館周邊

こて一じきゃなっく

コテージ CANAC

在刻劃歷史的老民房裡過著日常般的生活

外觀厚重的老民房是從國頭村的安波聚落移建
過來的。沖繩民宅才有的傳統隔間和榻榻米房
都讓人感到舒適，充滿好像來到奶奶家一般的
懷舊氣氛。晚上還可以一邊遠眺星空一邊享受
BBQ。

☎0980-47-2233
MAP 附錄P25B2 ■本部町渡久地
286-8 ?許田IC25km P15輛

1棟租金（1泊純住宿，6人以下）
…1棟27000日圓起～
IN/OUT…15:00/11:00

1 屋齡超過100年，氣
派的紅瓦屋頂令人印象
深刻 2 有時招牌貓們
會到緣廊上玩耍 3 在
寬敞的榻榻米房裡悠哉
度日也不錯 4 1992年
移建自安波聚落 5 圍
著圍牆確保充分的隱私

1泊附早餐、純住宿的費用為1棟住2人時1人的費用。1棟租金為1整棟的費用。

1 包圍在大自然中的美麗小屋 2 明亮的和洋室「虹ルーム」

(美麗海水族館周邊)

おるっさのやどまちゃん・まちゃん

オルッサの宿 マチャン・マチャン

能遠眺古宇利島和東海的位置絕佳。青翠草皮上立著3間不同類型的小屋，設有使用琉球ビーグ（藺草）的榻榻米房營造沖繩風味。使用當季食材和水果製作每日不同的早餐也讓人好期待。

☎0980-56-5207 MAP 附錄P24E1
🏠今帰仁村渡喜仁387 🚗許田IC21km P5輛

1泊附早餐…9720日圓起～
IN/OUT…16:00/10:00

(美麗海水族館周邊)

ちゃんや～

ちゃんや～

老民宿座落在聚落被綠色福木覆蓋的人氣景點：備瀨的福木行道樹（→P111），可從6棟景色與大小各異的房屋中選擇。餐點採預約制，堅持採用agu豬和紅鹽等山原產食材，請務必一嘗。

☎090-6862-4712 MAP 附錄P25B1
🏠本部町備瀨580 🚗許田IC30km P15輛

1晚純住宿…6280日圓起～
IN/OUT…15:00/11:00

1 帶著懷舊氣氛的榻榻米房 2 享受沖繩原風景的民宿

1 投宿在受歡迎的外國人住宅 2 寢室有3人房等3間

(中部)

かふーわうらそえ

かふーわうらそえ

利用屋齡50年以上、曾經是美軍相關人士居住的外國人住宅作為民宿，因此有3間寢室，從隔間到傢俱都相當獨特。可以在廣敞的庭院內享受BBQ，一定能成為沖繩之旅的美好回憶。

☎090-1947-0122 MAP 附錄P17A3
🏠浦添市港川331 🚗西原IC7km P3輛

1晚純住宿…8000日圓起～
IN/OUT…15:00～20:00/10:00

GOOD TO SLEEP

價格可愛&安心的住宿指南

那霸市區 ——————— 都會型飯店

ホテル ロコア ナハ
ROCORE NAHA 酒店

位於國際通的入口處，無論觀光或商務都是理想的地點。以單人房和雙床房為主，也有無障礙客房。加入琉球玻璃的家飾品營造出沖繩度假風，並以50道以上和、洋、沖繩料理的自助式早餐為傲。

☎098-868-6578 MAP附錄P29A2
🏠那霸市松尾1-1-2 🚃沖繩都市單軌電車縣廳前站步行3分 💴單人房11000日圓起，雙床房17000日圓起 🕐IN14:00/OUT11:00 🅿45輛(每回住宿1000日圓)

那霸市區 ——————— 都會型飯店

グブルツリー by ヒルトン那霸
那霸希爾頓逸林酒店

希爾頓系列的休閒品牌，無論館內或客房都洋溢著高雅的都會氛圍。除了能享用在房客面前現做蛋料理的自助式早餐外，餐廳裡每月更換的主廚料理也頗受好評。房客可免費使用附近的健身房。

1 玄關是都會風，帶著奢華氣息。Check-in時提供巧克力豆餅乾

☎098-862-0123 MAP附錄P27B3
🏠那霸市東町3-15 🚃沖繩都市單軌電車旭橋站即到 💴單人房11612日圓起，雙床房19233日圓起～ 🕐IN15:00/OUT11:00 🅿200輛(每回住宿1000日圓)

那霸市區 ——————— 商務飯店

ソルヴィータホテル那霸
Sol Vita Hotel NAHA

距離那霸機場車程10分鐘的地方，所有客房皆備有空氣清淨機、席夢思床鋪以及原創睡衣。令人開心的是能觀看200部以上影片的房間劇院也是免費使用。還贈送女性限定的淑女套裝組，裡面包含護膚用品等。

☎098-863-1234 MAP附錄P27B2
🏠那霸市松山2-17-17 🚃沖繩都市單軌電車縣廳前站步行7分 💴單人房9500日圓起，雙床房15000日圓起～ 🕐IN15:00/OUT10:00 🅿40輛(每回住宿1000日圓)

那霸市區 ——————— 商務飯店

リッチモンドホテル那霸久茂地
Richmond Hotel 那霸久茂地

客房總數239間。提供從標準房到女性專用的女士房等8種房間。除了女性及小孩用的盥洗用品外，所有房間皆設置附加溼功能的空氣清淨機，在提供舒適住宿的用心上令人欣喜。

☎098-869-0077 MAP附錄P27C1
🏠那霸市久茂地2-23-12 🚃沖繩都市單軌電車美榮橋站即到 💴單人房8000日圓起，雙床房7350日圓起～ 🕐IN14:00/OUT11:00 🅿64輛(每回住宿1000日圓※先到先停)

那霸市區 ——————— 商務飯店

那霸東急 REI ホテル
那霸東急REI飯店

客房裡有多功能蓮蓬頭、高級盥洗用品，以及精挑細選的床鋪，是個能舒緩旅途疲勞的舒適空間。高樓層也有附木板陽台的客房。除了全館皆有Wi-Fi外，貴賓休息室在15～24時也提供免費的飲料。

☎098-869-0109 MAP附錄P27B4🏠那霸市旭町116-37🚃沖繩都市單軌電車旭橋站步行5分 💴單人房12960日圓起，雙床房9720日圓起～ 🕐IN15:00/OUT10:00🅿利用特約停車場カフーナ旭橋163輛(每回住宿1000日圓)

那霸市區 ——————— 商務飯店

ホテル ルートイン那霸泊港
ROUTE INN HOTEL 那霸泊港

提供剛出爐麵包及沖繩料理的自助式早餐，以及大廳中準備的自助式咖啡免費服務都頗受好評。除了14樓男女各別的人工鐳溫泉景觀大浴池外，也備有舒壓室等設施。另外還有家庭雙人房及無障礙客房。

☎098-866-0700 MAP附錄P27C1
🏠那霸市前島2-12-5 🚃沖繩都市單軌電車美榮橋站步行5分 💴單人房6600日圓起，雙床房12650日圓起～ 🕐IN15:00/OUT10:00 🅿72輛(每回住宿500日圓)

※1泊2食、1泊附早餐、純住宿的費用為1間住2人時1人的費用。單人房、雙床房的費用為1間的費用。

那霸市區 ──────────── 商務飯店

ダイワロイネットホテル那霸国際通り
大和 Roynet 飯店那霸國際通

位於直通沖繩都市單軌電車牧志站的複合設施さいおんスクエア裡。客房色調柔和沉靜，雙人房寬達154cm大床讓人好開心。在さいおんスクエア裡也有租車中心和便利商店，便利性十足。

☎098-868-9055　MAP 附錄P28F2
🏠那霸市安里2-1-1　🚉直通沖繩都市單軌電車牧志站　Ⓥ單人房7000日圓起，雙床房9250日圓起～　🕐IN14:00/OUT11:00　Ⓟ60輛(每回住宿1000日圓)

那霸市區 ──────────── 都會型飯店

ホテルパームロイヤルNAHA
那霸棕櫚皇家飯店

位置在國際通中央，以交通便利性自豪。所有房間的浴室與洗手間皆分開，可慢慢享受沐浴時光。附設圖書館與美體沙龍，實現突破都會型飯店框架的舒適空間。

☎098-865-5551　MAP 附錄P28E2
🏠那霸市牧志3-9-10　🚉那霸都市單軌電車牧志站步行4分　Ⓥ單人房8500日圓起，雙床房16000日圓起～　🕐IN15:00/OUT10:00　Ⓟ60輛(每回住宿1000日圓)

中部 ──────────── 都會型飯店

ベッセルホテルカンパーナ沖縄
沖繩坎帕納船舶飯店

位在都市型度假村美濱美國村內，夕陽海灘就在一旁。附瞭望台的客房在浴室外另設有洗臉化妝台，使用上的便利性也十分講究。10樓能俯瞰夕陽及大海的瞭望浴場不用看可惜。

1 步行至夕陽海灘2分鐘，還能在美國村享受美食及購物

☎098-926-1188　MAP 附錄P19B3
🏠北谷町美浜9-22　🚗沖繩南IC車程10分　Ⓥ雙床房17100日圓起　🕐IN14:00/OUT11:00　Ⓟ136輛

中部 ──────────── 都會型飯店

東京第一ホテル オキナワ グランメール リゾート
東京第一酒店
沖繩格蘭美爾度假酒店

因舒適的客房與合理的價格而大受歡迎。有約180種生活用品免費出借，也備有房客免費使用的室內游泳池。從機場到飯店還有免費的接駁巴士(完全預約制)。

☎098-931-1500　MAP 附錄P18E3
🏠沖繩市與儀2-8-1　🚗沖繩南IC車程20分　Ⓥ雙床房11000日圓起～　🕐IN15:00/OUT12:00　Ⓟ240輛

美麗海水族館周邊 ──────────── 小型飯店

プチリゾート古宇利島
KOURIJIMA Petit Resort

被沖繩最美大海所包圍的古宇利島上的公寓式飯店。1天僅接3組客人，保有充分隱私。全部客房皆為海景房，能邊邊泡澡邊眺望大海的浴室魅力十足。在寬敞的陽台上忘記時間放鬆一下吧。

☎0980-56-1566　MAP 附錄P24F1
🏠今帰仁村古宇利192　🚗許田IC車程40分　Ⓥ純住宿8300日圓起～　🕐IN16:00/OUT11:00　Ⓟ3輛

南部 ──────────── 小型飯店

かいざ
海坐～ kaiza ～

雖樸素卻不失高雅的樂活別墅。共4間的小巧客房空間裡，在木頭溫度的包圍下充滿沉靜的氣氛。大海盡收眼底的客房裡沒有電視，可在露天浴室裡一邊泡澡一邊感受大自然。堅持使用沖繩縣產食材的早餐也頗受好評。

1 堅持使用天然建材給人和風旅館感受的走廊。吊床讓人好放鬆

☎098-949-7755　MAP 附錄P4E3
🏠南城市玉城玉城56-1　🚗南風原南IC車程20分　Ⓥ1泊附早餐8850日圓起　🕐IN15:00/OUT11:00　❌不定休　Ⓟ4輛※住宿限中學生以上

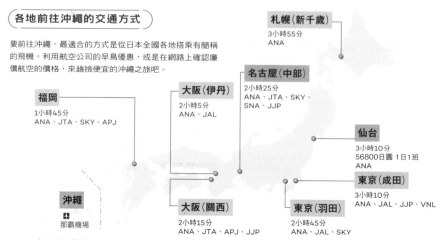

ACCESS GUIDE

前往沖繩的方式

搭乘飛往那霸機場的班機前往沖繩吧。就算是班次多的路線，旺季時一樣人擠人，最好提早預約。
如果不是直飛而需轉機的話，選擇羽田、關西、福岡機場比較方便。

各地前往沖繩的交通方式

要前往沖繩，最適合的方式是從日本全國各地搭乘有簡稱的飛機。利用航空公司的早鳥優惠，或是在網路上確認廉價航空的價格，來趟便宜的沖繩之旅吧。

札幌（新千歲）
3小時55分
ANA

名古屋（中部）
2小時25分
ANA、JTA、SKY、SNA、JJP

大阪（伊丹）
2小時5分
ANA、JAL

福岡
1小時45分
ANA、JTA、SKY、APJ

仙台
3小時10分
56800日圓 1日1班
ANA

沖繩
✈ 那霸機場

大阪（關西）
2小時15分
ANA、JTA、APJ、JJP

東京（成田）
3小時10分
ANA、JAL、JJP、VNL

東京（羽田）
2小時45分
ANA、JAL、SKY

（2016年1月時）
※除上述之外，茨城、富士山靜岡、新潟、小松、神戶、岡山、廣島、高松、松山、長崎、熊本、宮崎、鹿兒島也有航班。

便宜旅行小撇步

利用航空公司的各種折扣

旅割（ANA）
ウルトラ先得、スーパー先得、先得割引（JAL）
75～21天前（JAL為75～28天前）預約可獲得50～60%的票價折扣。

特割（ANA）、特便割引（JAL）
3天前（部分路線為前一天前）預約可享折扣。折數依季節、星期、時間、班次而異。

利用SKYMARK（SKY）、廉價航空

從羽田、名古屋（中部）、福岡機場等地飛往那霸機場的SKYMARK不只票價比大公司便宜，更有可以變換的票價折扣，非常便利。而從成田、大阪（關西）、名古屋（中部）、福岡機場出發，可考慮搭乘廉價航空，但需注意跟大公司的票價系統等條件可能不盡相同。

利用便宜的自由行行程

含來回機票與住宿飯店的套裝行程，比起分別預約機票和飯店，依季節不同可能以相當便宜的價格提供。雖然無法選擇搭乘的班次，能挑選的飯店也有限，但假如有符合自己需求的行程，便能省下一筆可觀的旅費。

洽詢窗口

全日空（ANA）
☎0570-029-222

日本航空（JAL）
日本越洋航空（JTA）
☎0570-025-071

SKYMARK（SKY）
☎0570-039-283

亞洲天網航空（SNA）
☎0570-037-283

樂桃航空（APJ）
☎0570-200-489

捷星日本航空（JJP）
☎0570-550-538

香草航空（VNL）
☎0570-6666-03

從那霸機場前往本島各地區

從機場到那霸市區就搭沖繩都市單軌電車或計程車。如果要直接去度假飯店，
搭機場接駁巴士或機場區間計程車比較輕鬆。路線巴士以那霸巴士總站為起點。

從那霸機場出發的交通方式

往恩納村 (走高速公路)
到ANA Inter Continental Manza Beach Resort (距機場57km)
● 車程1小時
● 機場接駁巴士 1小時38分 1700日圓
● 區間計程車 1小時10分 6500日圓起 (不含公路過路費)

往糸滿市
到糸滿市圓環 (距機場11km)
● 車程25分 ● 計程車 2300日圓起
● 沖繩都市單軌電車 4分 (赤嶺站轉乘)
　路線巴士 25分 610日圓
　(沖繩都市單軌電車 =使用おとなりきっぷ)

往讀谷村 (走高速公路)
到Alivila日航度假飯店 (距機場34km)
● 車程1小時20分
● 機場接駁巴士 1小時38分 1500日圓
● 區間計程車 1小時10分 5000日圓起

往那霸市區
到縣廳前 (距機場6km)
● 車程12分 ● 計程車1200日圓起
● 沖繩都市單軌電車 13分 260日圓
● 路線巴士 12分230日圓

往名護市 (走高速公路)
到名護市公所
(距機楊79km)
● 車程1小時15分
● 高速巴士 1小時45分 2190日圓

沖繩都市單軌電車 (參考P152)

往沖繩市 (走高速公路)
到コザ交叉口 (距機場36km)
● 車程45分 ● 計程車 5200日圓起
● 路線巴士 (經高速公路) 1小時 1110日圓

許田 I.C
屋嘉 I.C
石川 I.C
沖繩南 I.C
沖繩I.C
北中城 I.C
沖繩自動車道

縣廳前　首里
那霸機場
旭橋
那霸巴士總站
那霸I.C
赤嶺
西原JCT

那霸機場自動車道
(免費)

豐見城‧
名嘉地I.C

機場接駁巴士

如欲前往本島中部或北部的主要度假飯店，利用
機場接駁巴士十分方便。往宜野灣、北谷方向搭
Area A；往讀谷方向搭Area B；往西海岸、恩納
南方向搭Area C；往西海岸、恩納北方向搭
Area D；往名護、本部方向搭Area E。另除了
Area A外都會經過那霸巴士總站，回程途中可在
那霸市內下車觀光。車票在機場大廳的接駁巴士
服務中心販售。回程的乘車券在巴士停靠的各度
假飯店也有販售。不能預約，客滿時請等候下一
班。票價介於600至2500日圓之間，所需時間約
30分至1小時30分左右。

計程車

沖繩本島的計程車價格便宜，起跳價480～510
日圓。從那霸機場到那霸市區約12分、1200日
圓起。如果在那霸市區內，到了晚上計程車仍然
很多，在市內移動時十分便利。

機場區間計程車

從機場直達觀光飯店的預約制計程車。由目的地
決定車資，司機可配合飛機到達的時間來機場大
廳迎接。費用為小型車到宜野灣地區3500日
圓、北谷地區4000日圓、讀谷地區5000日圓、
西海岸南部5000～6500日圓、西海岸北部
7000～8000日圓、名護地區8000～11000日
圓、本部地區12000日圓等 (皆另收高速公路過
路費)；夜間加2成費用。也有到旅館check-in
前或回程到機場之間的迷你觀光方案。詳情請見
沖繩觀光個人計程車「デイゴ会」。

巴士

沖繩本島有4間巴士公司運行，路線系統也多。
搭乘的重點是可靠系統號碼分辨該搭乘的巴士，
如果巴士的系統號碼相同，就算公司不同也是走
同一條路線。但同一間公司、同一個系統號碼的
巴士中途經過的站可能不同，最好跟司機確認是
否會經過要下車的站。

洽詢窗口

機場接駁巴士
☎098-869-3301

那霸巴士
☎098-852-2500

琉球巴士交通
☎098-852-2510

沖繩巴士
☎098-861-0385

東陽巴士
☎098-947-1040

沖繩交通
☎098-861-2224

沖東交通
☎0120-21-5005

**沖繩個人計程車
事業協同組合**
☎0120 760 666

**那霸觀光個人計程車
「デイゴ会」(區間計程車)**
☎090-3793-8180

沖繩都市單軌電車
(ゆいレール)
☎098-859-2630

ACCESS GUIDE

遊逛沖繩的方式

在那霸市內移動，比起路線巴士，不會受塞車影響的沖繩都市單軌電車更方便。
進行中、長距離的移動就需要搭路線巴士，但很可能會因塞車而延誤，最好保留緩衝時間。

ゆいレール

暱稱ゆいレール、為大家所熟悉的沖繩都市單軌電車，從通路直通那霸機場國內線航廈的那霸空港站到首里站需要27分鐘。一天裡每隔10分鐘1班，不會受塞車影響而能準時運行。軌道會配合地形上下，從空中遠眺那霸市內的車窗風景也十分吸引人。

●活用自由乘車券

有1日乘車券（24小時可用，700日圓）與2日乘車券（48小時可用，1200日圓），在沿線的觀光設施及店鋪出示可享折扣。

路線巴士

那霸巴士總站以連絡橋和都市單軌電車的旭橋站（那霸機場11分，260日圓）相連，連接那霸與郊外的路線巴士幾乎都自此處發車。但由於巴士總站目前正在改建中，2018年3月前乘車處暫時分散在周邊道路上，請在服務處確認乘車處。機場也有往名護的高速巴士和山原急行巴士發車。

觀光計程車

如果想四處觀光遊覽，建議搭觀光計程車。除了有計程車公司和個人計程車團體設定的標準路線，也有自由行方案。以那霸為起點所需的時間大致以下：南部4〜6小時、中部6〜8小時、北部6〜10小時。小型車預估費用1小時3540日圓，但也有許多公司或個人團體設定折扣費用，不妨洽詢看看。

定期觀光巴士

如果想有效率地遊覽沖繩景點，推薦定期觀光巴士。2間公司幾乎每天都有以那霸為起點、往南部方向和北部方向的路線。

▶那霸巴士　A路線
首里城、戰跡　沖繩世界路線　4900日圓
（附午餐，需另外支付首里城正殿的參觀費）
那霸巴士總站出發9:00→首里城→舊海軍司令部戰壕→姬百合之塔（午餐）→平和祈念公園→沖繩世界（玉泉洞）→到達那霸巴士總站17:00
※其他還有B路線：美麗海水族館滿足路線。
C路線：美麗海水族館、西海岸路線。
D路線：絕景、古宇利島、今歸仁、美麗海路線。

▶沖繩巴士　B路線
美麗海水族館與今歸仁城跡　5500日圓
（附午餐，需另外支付美麗海水族館的入館費）
那霸（沖繩巴士總公司前定期觀光巴士乘車處）出發8:45→萬座毛→Loisir飯店沖繩美麗海（午餐吃到飽）→海洋博公園（美麗海水族館等）→今歸仁城跡→名護鳳梨公園→到達那霸18:15
※其他還有A路線：沖繩世界與戰跡巡禮等

兜風指南

除了那霸市內之外，其它地方塞車並不是那麼嚴重，可享受快意的兜風之旅，
但要小心電動自行車很多。在那霸市內除了塞車外，也要注意「巴士專用道管制」。

出租車

在除了沖繩都市單軌電車之外沒有
其他鐵路的沖繩，果然還是租車方
便。從那霸往北部方向沿著海邊延
伸的國道58號，和延伸至名護市前
的沖繩自動車道是主要道路。

●利用出租車時的重點

〔出發前一定要先預約〕
●透過網路向各租車公司申請。
●向旅行社報名行程時一併預約出租
　車。
●和機票一起申請。
〔決定借還地點〕
●那霸機場
　在國內線機場大廳有各家租車公司
　的員工駐點，會用接送車載到附近
　的營業據點辦理手續，還車也在同
　一營業據點。需注意如果到達地點
　是廉航專用航廈，只會有4間指定的
　租車公司。
●那霸市內的營業據點
　可在國際通、美榮橋、おもろまち
　（GALLERIA沖繩）等市內主要地區
　各租車公司的營業據點租借。

沖繩美麗海水族館
今歸仁城跡
ゆいゆい国頭
おおぎみ
58
449
名護市
許田IC　許田
萬座毛　58
殘波岬　宜野座IC
屋嘉IC　金武IC　ぎのざ
陶器之里
喜名番所
石川IC　沖繩自動車道
かでな
北谷町
沖繩北IC
沖繩南IC
美濱美國村
沖繩市
北中城IC
首里城　西原IC
那霸IC　西原JCT
南風原北IC
豐見城・名嘉地IC　南風原南IC　齋場御嶽
豐崎
いとまん　豐見城IC
玉泉洞
永旺夢樂城
姬百合之塔　平和祈念公園
那霸機場

那霸機場
自動車道
（免費）

兜風注意事項

1 注意“巴士專用道”

早晚的尖峰時刻為確保大眾運輸通行，國道
58號等會有1條車道變成巴士與計程車專用，
而單側只有1條車道的國際通則禁止一般車輛
通行，需注意。開車時務必看清交通號誌。

2 “中央線”移動

固定時間裡移動中央線是為了緩和塞車。於
安里交叉口往首里方向的縣道29號，以及旭
町至國場間的國道330號至507號等路段實
施。

3 “塞車”很嚴重

單側1條車道的國際通和那霸市區的國道58
號、330號，以及那霸新都心地區等地經常會
塞車。意外的盲點是許田IC，在掃墓民眾增
加的清明祭（4月4日或5日）或舊盂蘭盆
（2017年為9月3～5日）時車多擁擠。

4 國際通禁止通行

國際通的縣廳北口到蔡溫橋間，每週日的
12～18時會實施「交通管制」，除了10系統
的公車等許可的大眾運輸外，一般車輛禁止
通行，需注意。可能會因雨天而取消。

洽詢窗口

NEXCO西日本
☎0120-924863

★豐田租車
☎0800-7000-111

★日本租車
☎0800-500-0919

日產租車
☎0120-00-4123

★ORIX租車
☎0120-30-5543

Times Car RENTAL
☎0120-10-5656

★OTS租車
☎0120-34-3732

★=可將接送車開進廉航專用航
廈的租車公司

🅐 觀光景點　🅑 體驗　🅒 用餐　🅓 咖啡廳

購物 夜間娛樂 住宿

INDEX

觀光景點   體驗   用餐   咖啡廳

購物　夜間娛樂　住宿

來趟發現「心世界」的旅行

mani
mani

漫履慢旅
沖繩
休日慢旅⑩

【休日慢旅10】

沖繩

作者／JTB Publishing, Inc.
翻譯／彭智敏
校對／王姮婕
編輯／林庭安
發行人／周元白
排版製作／長城製版印刷股份有限公司
出版者／人人出版股份有限公司
地址／23145新北市新店區寶橋路235巷6弄6號7樓
電話／（02）2918-3366（代表號）
傳真／（02）2914-0000
網址／www.jjp.com.tw
郵政劃撥帳號／16402311人人出版股份有限公司
製版印刷／長城製版印刷股份有限公司
電話／（02）2918-3366（代表號）
經銷商／聯合發行股份有限公司
電話／（02）2917-8022
第一版第一刷／2017年4月
定價／新台幣320元

日本版原書名／マニマニ沖縄
日本版發行人／秋田 守
Manimani Series
Title: Okinawa
©2016 JTB Publishing, Inc.
All Rights Reserved.
First published in Japan in 2016 by JTB Publishing, Inc., Tokyo.
Chinese translation rights arranged with JTB Publishing, Inc.
through Creek and River Co., Ltd., Tokyo.
Chinese translation copyright © 2017 by Jen Jen Publishing Co., Ltd.

See
you!